Antología Poética

En el Sendero

de

las Letras

Autores de Argentina

Del Alma Editores

Del Alma
Editores

Antología Poética En el Sendero de las Letras @ 2013
Del Alma Editores
Todos los Derechos Reservados.
Editor: Gladys Viviana Landaburo
Fotografía: Julia Grover FOTOGRAFÍA
Diseño de portada: Julia Grover FOTOGRAFÍA
Email: juliagogrover@hotmail.com
https://www.facebook.com/JuliaGroverFOTOGRAFIA
ISBN: 978-987-29888-4-5

Estimados autores argentinos, agradezco profundamente, a cada uno de ustedes: por compartir con inmensa generosidad vuestro talento en esta obra, en la cual estamos unidos fraternalmente, por los colores celeste y blanco de nuestra República Argentina, que nos ampara bajo el mismo cielo, y día a día es testigo, de cómo nos vamos desarrollando en el arte de las letras, desde la expresión más genuina de nuestras almas en libertad, dejando plasmada la esencia pura y auténtica razón del Ser, en nuestra huella indeleble más allá de todo tiempo físico.

Feliz de estar por siempre junto a ustedes en estas páginas:
En el Sendero de las Letras

Los abrazo desde mi corazón

Gladys Viviana Landaburo

¡PIU AVANTI!

No te des por vencido, ni aún vencido,
no te sientas esclavo, ni aún esclavo;
trémulo de pavor, piénsate bravo,
y acomete feroz, ya mal herido.

Ten el tesón del clavo enmohecido
que ya viejo y ruin, vuelve a ser clavo;
no la cobarde estupidez del pavo
que amaina su plumaje al primer ruido.

Procede como Dios que nunca llora;
o como Lucifer, que nunca reza;
o como el robledal, cuya grandeza
necesita del agua, y no la implora…

¡Que muerda y vocifere vengadora,
ya rodando en el polvo, tu cabeza!

Almafuerte

Elías Almada

Nacido en Concepción del Uruguay - Entre Ríos el 27/08/1962
Escritor e Investigador
Coordinador del festival Internacional de Poesía La Palabra en el Mundo en la ciudad de Concepción del Uruguay, años 2011 y 2012
Miembro del festival Cien mil Poetas el Cambio
Miembro del Festiva Grito de mujer
Miembro coordinador de UNILETRAS
Miembro de la Unión Hispano Mundial de Escritores
Publicaciones:

Antología "Noches sin Soledad".Ciudad de Totoras-Pcia de Santa Fe A

Antología" El Arte de Crear" ciudad de Rosario Pcia de Santa Fe Argentina.

Antología "Alma y Corazón en Letras" Argentina – Puerto-Rico

Antologías del Centro de Estudios Poéticos de Madrid España "Bajo la Luz de la Poesía " "Un Paseo En Versos "y" Viviendo Entre Metáforas" todas de .

Antología 1000 Poemas en homenaje a Eduardo Alfaro – Chile

Antología 1000 Poemas en homenaje a José Martí. Chile

Antología C.E.N. "Huellas Contemporáneas" Argentina

Antología Palabras del Alma San Lorenzo, Provincia de Santa Fe

Antología del Centro Latinoamericano de Poesía de Junín. Provincia de Buenos Aires - Argentina

Ebooks.:

Antología de la Imagen N° 7, Antología de la Imagen N° 9 y Antología de Sonetos Unión Hispano mundial de Escritores.

Publica articulos y notas en diversos medías de la provincia y en distintos sitios de Internet en los que participa.

Así mimo un variado número de FM y programas radiales de Argentina , México y Puerto Rico difunden su obra literaria, la que fue distinguida por el portal de la Unión Hispano Mundial de Escritores y El Centro Latinoamericano de Poesía de Junin

Yo Soy El Tango

Así me presento señores
yo nací en el arrabal
soy hermano del candombe
y primo de la milonga.

Me acunaron dulces minas
cobijándome en percal
y en patios regados de tierra
el guapo me hizo bailar.

Aprendí de los cuchillos
la finta del danzar
y entre quebradas y cortes
sin quererlo me hice amar.

Del conventillo a Corrientes y Esmeralda
me llevaron compadritos
y entre bacará y quiniela
me quedé en el viejo abasto.

No pido permiso "pa´ dentrar"
menos si hay bandoneones
que suenen las bordonas
Sí, soy el tango señores.

De Milonga

Abrazado a tu cintura
"Papusa" milonguera
con pasos "canyengues"
detrás del sonido de un fuelle.

Cruzamos el arrabal
caminando sin apuro
bajo ese cielo de estrellas
en busca de nuestro tango.

Casi al final del fango
alumbrado por faroles
el patio de la morocha
mina de grandes favores.

Mirándonos a la cara
arrancamos mano a mano
sentadas, cortes y quebradas
tus pies dibujando el ocho.

Tangos, balses y milongas
al compás del bandoneón
y con las gargantas mojadas de caña
la vuelta "pa'l cotorro".

Yo También Soy Entrreriano

Cuando escucho sus versos
pintando la estampa
de entrerriano ganador
se conmueve mi alma
y se agranda el corazón.

Por pertenece a la tierra
verde de los mates amargos
del bravo Gaucho Rivero
el que defendió la bandera
en la heladas Malvinas.

La de Facon Grande
el de la Patagonia Rebelde
del alférez Sobral
y del coraje sin igual
del conscripto Bernardi.

No hace falta que aclare
pues mi letra lo denota
soy entrerriano señores
y pa´mas de la gloriosa
Concepción del Uruguay.

Bodegón

Vieja casona colonial
mostrador de estaño y madera
de sencillez señorial
donde me detengo a "morfar".

Esquina con ochava
se respira tango al entrar
abunda la melancolía
en la sobriedad de tus mesas.

Evocando la pobreza
llegan tus platos llenos
devorados con delicadeza
acompañados de un tinto.

El placer de la comida
la calidez del lugar
la agradable compañía
invitan a no marchar.

El pucherito de gallina
con viejo vino carlon
se viene a mi memoria
sos otra esquina de tango

De la Serie Tangos y Milongas

(poesía en 2 x 4)

Clara Graciela Appelhans(Nació en el barrio de Flores,Bs As Argentina,el 30 de Octubre de 1960)
Actualmente vive en Merlo (Pcia de Bs.As)
Ejerce la docencia en Educación Prescolar,desde el año 1990.
Escritora,poeta,participó como jurado en un certamen de poesía,en la ciudad de Merlo.
Es parte integrante como autora de la antología poética"Letras sin nombres"(Ed.Dunken).
Sus poesías están dirigidas al público adulto.
Ha publicado más de 800 poemas en la web por lo que ha recibido el reconocimiento de lectores y escritores de todas partes del mundo.

"Cada pisada un sentido…"

Como diamantes dormidos
cayeron tus lágrimas en suaves gemidos
agonía triste de un pobre destino
palpitando silencios de un día perdido.

Tu lengua sumisa,cansada,espaciada
moja sentimientos de ácidos derramados
en labios rústicos de palabras cruzadas
ávidos de letras y vocales mezcladas

Simpleza del adiós errante camino
no has comprendido mi espíritu amigo
que toda cosecha se logra con tino
por cada pisada…marcado un sentido

Inmutable en la faz de la tierra celosa
traspasando el límite de la frontera
te reúnes con multitudes que parecen piadosas
consumiéndote en frases del alma quimera.

"Como un mar de arena"

El poder del viento erosiona mi corazón dormido
desgasta con palabras curiosas desafiando a los tiempos
llegando con intensidad a mi destino merecido
con fuertes decisiones golpeando rocas de cemento

Explorando la capa fértil de mi ser hambriento
audaz desolación en presencia de construidas dunas
montañas de arena son mis sentimientos
cálido desierto... esperando que llegues tras la bruma

Bloques de amargura transforman con dulzura
a un gigante corazón de direcciones variables
intriga y pasión...abrasiva ternura
evaporando este paisaje que me lleva hacia la locura.

"Hundo mis besos en tu pecho… para amarte"

En tu vuelo cruzo mis alas para atraparte
bendito ángel plumaje de ternura
permíteme hundir mis besos en tu pecho para amarte

Alaridos de felicidad… el cielo puede escucharte
brisa que quema mis entrañas al abrazarte
destello de esmeraldas lanzan mis ojos al mirarte

Inmenso corazón que clama tu piel apasionada
extiendo mis manos para alcanzarte sutil y etéreo
graznando bajo la noche iluminando tu alma
como estrellas enamoradas.

"Bajo mi mirada latente"

En el final, se encuentra mi principio
Todo fluye simultáneamente
Memoria de tu perfume,
me hace recordar que existo
Despliegue de tu cuerpo,
que juega en mi mente...

Eres el centro de mi mundo, allí circulas
Deslumbras mi cielo,
siempre estás presente
Célula que en mi cuerpo
el amor estimulas
Rasgos de ti, bajo mi mirada latente...

Acompañas mis espacios
recibes de mis manos calor
Abrázame... despertándome a la vida
Regálame tu ternura y valor
¡Cúbreme el alma!
con un beso y una flor.

"Amor tántrico"

Ahora estamos juntos...
tu mirada recorre mi cuerpo
acariciándome suavemente
encendiendo mi fuego interior
Respiro... inhalando el perfume de tu piel
Un mantra de amor viene hacia mi mente
y con suaves sonidos lo pronuncio

Comenzamos el rito
que nos elevará
iluminándonos de placer
Magnetismo encantado
entre tu sensibilidad y la mía
hechizo que fortalece esta unión

Amor... tierno, suave y libre
que se vive solo en el plano espiritual
y se encarna en nuestro ser

Te aproximas con tus caricias
a mis partes divinas que te aceptan
Mi energía Kundalini
se eleva como un rayo estallando
en forma de un volcán en erupción

Es el amor sublime.. .deseado
que nos transporta a otra dimensión
Sagrado amor tántrico
que experimentamos a la luz del sol.

"Soberano de mi amor"

¡Señor de clase privilegiada, terrateniente!
dueño de mi corazón, soberano de mi amor
Caballero en brillante ceremonia, te han nombrado
Defiendes el honor y justicia de tu bella dama.

Yo... tu humilde campesina de poblados cercanos
enamorada de un imposible, como un trovador
que le canta al amor... así me hallo.

Me declaras tu guerra privada
pero no me dices que me amas.
Cultivo mis campos sembrados de pasión
Trabajo la tierra dejando mis miserias
Tú... solo pretendes enriquecer el ego
y te aprovechas de mi frágil corazón
mas un día... seré de alta nobleza
dama, señora, o tal vez condesa

Y tú señor mío me buscarás con tu ejército personal
me reconocerás... por mis virtudes
mas no te garantizo, que mi alma te acepte
porque en mi libertad alcanzada y sin igual
¡no habrá lugar que ocupe, un señor de alta sociedad
que jamás supo amar!

"Un mundo para ti y para mí"

Perfumado aroma a cítricos
bosques de acacias... piedras que gimen
sol que acaricia tu mirada
encendiendo la mía
rayos de luna que en noches eternas
iluminan nuestros ojos
Hermoso sentir... tu mano sobre la mía
tus labios sedientos de amor
saborean mis dulces besos
Mundo de caricias y ternura...
Mundo de deseos y pasión...
Mundo de dos enamorados...
que se encuentran bajo un mismo universo
Un mundo para ti y para mí
es el que te ofrezco
Sueños ardientes con mañanas templadas
noches nevadas con fríos intensos
tu cuerpo tibio junto al mío
Palpo tu piel sobre el césped
me sumiré en el silencio...
solo para amarte.

Sonia Fernanda Mayoral Arias "Sofema" vive en Córdoba capital, oriunda del pueblo San José de la Dormida, es profesora en Lengua y Literatura, Licenciada en Ciencias de la Educación con especialización en planeamiento,supervisión y Administración educativa. Actualmente, cursa el segundo año de la Maestría en Investigación Educativa con base socioantropológica en el CEA.
Trabaja como docente en Nivel Medio, realiza correcciones de libros para su posterior edición. Escribe desde los 14 años y ha publicado en dos antologías algunos de sus poemas en el 2004 y 2005.

Premio

No debes pensar en la debilidad…
Siempre la vida te da una oportunidad,
a las personas nobles,
a las personas que han sufrido
siempre hay premio en el destino;
no dejes que los brazos se caigan
en el abismo de la desesperanza
que te quiten las ilusiones
de ver un mejor mañana.
Quítate el disfraz de la pereza,
tienes mucho por andar,
tienes por quien luchar,
la vida es un laberinto de desafíos,
con la flaqueza no se alcanza
deja que tu fortaleza renazca
que se convierta en una luz
como un faro de lucha
que reparte en sus chispas
todo su encanto.

Cree en ti

¿Cómo creer en las personas
cuando el mundo se derrumba
en medio de las falsas promesas?
Abren la boca
y estallan una rebelión,
deliran promesas incumplidas
y siguen su camino
sin importarles a quien lastiman
pues a privilegiarse ellos se dedican...
¿Cómo creer en sus delirios
si están teñidos de hipocresía?
Cuando te ofrecen sus manos
pero luego juegan a las escondidas...
Cree en ti,
busca en tu interior la respuesta,
nadie vendrá a liberarte
de las injustas cadenas,
solo buscan usarte
para que en su juego te diviertas.
¿Cómo creer?
¿Cómo quererlas?
Si sobrepasa a los límites de la entrega
y ya no forman parte
de la privilegiada esfera
ni se merecen los espacios
donde transitar pudieran
porque son seres viles,
inescrupulosos

que con la palabra juegan,
llegan a tocar fondo
y a tus sentimientos balancean
los ponen en un escalón vulnerable,
de sus bondades se aprovechan
como si la vida fuera
hacer lo que se quiera
sin meditar primero
las posibles consecuencias
y derriban las ilusiones
de los pobres que se alimentan
de la verdad del espíritu,
de la nobleza
y de la transparencia.

Yo sólo quiero vivir

Mientras un día despierte
y encuentre mi sol interior ,
mientras la luna brille
y adorne el manto de Dios .
Mientras un día suspire
y sepa que es por dos,
mientras la hierba crezca
y de lugar a una flor .
Mientras las canciones dicten
letras para el corazón,
mientras sienta vida
aquí, en mi interior.
Mientras sienta cariño
por el más pequeño amor,
mientras la lluvia cese
y reaparezca nuestro querido sol.
Mientras un niño ría
y el viento sople libertad ,
mientras las miradas estallen
bombas de infinita bondad.
Mientras posea energía
para mis sueños poder concretar,
mientras sueñe despierta
y no deje de soñar…
Mientras recorra en mi sangre
las ansias de un verso surgir,
mientras la palabra exista
yo sólo quiero vivir.

Ilusión

Dos ilusiones no bastan,
el mundo quiere pruebas
y saber sobrellevarlas.
Hay ilusiones que parecen…
inalcanzables,
que cuando se acercan
son admirables.
Te regocija el corazón
la ilusión,
te nutre de fuerzas y estímulo
para mirar el atardecer
con otra perspectiva,
con otros ojos.
Ninguna meta es completa,
nada llena al hombre
sino el poder seguir escalando
hacia otros sueños, otros suspiros.
Que no se frustren los sentidos,
vive con una esperanza
latiendo…
Más allá de los años
y las paredes,
continúa insistiendo,
insistiendo.

Libertad innombrada

Abrir la ventana
y sentir el aire, libertad innombrada,
destrabar puertas
en las habitaciones de mi alma.
Rozar la piel erotizada
en una noche de grillos
y bajar la luna en un sueño
para la persona más amada.
Llenar de música el instante
cuando las palabras se guardan,
imaginar mundos posibles
aún cuando se distancian
los ecos de los recuerdos
y la vivacidad del mañana…
Creer que existe el amor
hasta en los pétalos de una rosa
y dejar que su aroma bañes nuestros cuerpos,
no es poca cosa.
Mirar el cielo y preguntarse:
-¿Qué tesoros habrá allá arriba?
Y encontrar en un parpadeo
la resignación a tanta codicia,
la codicia por saber,
por querer saber
y a la vez comprender
que las cosas no develadas
son las que nos mantienen vivos

y que de un modo u otro
junto a las mariposas, existimos,
pero ellas se desvanecenen un soplido,
¿nosotros nos desvanecemos?
O es que la naturaleza nos ha elegido
para de ella, ser testigos,
y descubrir en su cuna
la maravilla del destino
al acariciar el aire
en una noche de bellos himnos
donde la poesía repite
la cadencia de un suspiro
y sentir el orgullo, el privilegio,
de poder estar vivo.

Porque nunca hay que dejar de soñar...

Aquel sueño de otoño

Se quedó mirando por la ventana
cuando su figura se alejaba,
se perdía en el callejón sombrío.
Una lágrima quiso escapar
de su iris, valiente espectador,
mas la fortaleza la contuvo
con su sentimiento arrollador.
Se quedó mirando por ese portal otoñal
que le mostraba las lentas pisadas
de su arquitecto de sueños,
de su gran amor.
Se quedó pensando...
Pero más la intriga la envolvió
de saber que este viaje de ida
en algún momento tendría consolación.
Quería soñar entre las cortinas
que acunadas por la brisa se balanceaban
creando una primavera
en donde su figura regresaba.
Traía las flores de la estación,
una sonrisa y una tímida palabra;
en aquel momento cerró los ojos
y en su mente, el encuentro dibujaba:
Un ramo rosado,
entre sus manos sinceras
y en la boca una sutil palabra
que retumbó en el pecho
   de esta muchacha desconsolada:

- Perdón.
Y en ese instante,
el vil invierno pasó de largo
y cuando abrió los ojos
frente a ella se encontraba
un callejón florido
como un cuadro pintoresco
que desde su ventana
todas las tardes, observaba.

El aroma un tanto imperceptible
de tu piel, esclava de mis labios
en esta noche de poesía y canciones
hechas entre la lujuria y la tímida pasión.
comienza la danza hipnotizada
por el roce de tu cuerpo frente al mío…
¿Hay tiempo?
Sí, pero parece esfumarse
cuando el goce celebra
la fantasía escrita de a dos.
El mundo se achica
en medio de las melodías del corazón
y sólo en él habitamos
como dos delfines danzantes, tú y yo.
Nada está escrito
pero en nuestros cuerpos está la huella
de la entrega, de la historia de una canción
que suena entre los poros
de pieles estimuladas
por el minuto exacto,
víctimas de este alocado amor.

Verónica Ancarola, caprichosa autora emanada de los inicios de la turbulenta década del setenta, descubre su habilidad para las letras y la inspiración apenas entrada su adolescencia. Signada por una sucesión de acontecimientos que marcaron su vida personal, refleja en sus escritos la pasión, la tenacidad y el temperamento de los que debió valerse para formarse y que son la característica su esencia.

Nacida y criada en las llanuras de la localidad de Moreno, transcurre sus primeros años inmersa en un ámbito en el que la naturaleza imprimió en su carácter, tanto la rigurosidad de sus leyes como su ancestral sabiduría.

Sus numerosas obras sin difusión masiva dan cuenta de su estilo directo, frontal, exultante, en las que deja explícito la amplitud de sensaciones que su inspirada pasionalidad es capaz de abordar.

Guerrera

Hija de esta tierra morena guerrera.
Su lanza atraviesa la pampa vieja.
La verás enfrentando batallas ilesa.
Hija de esta tierra cabalga en su yegua.
Se sumerge en el monte pasando tinieblas.
Su espíritu perpleja a todo aquel que la quiera.
No desees tenerla, prisionera no queda.
Su alma es libre. Así contémplala.
Hija de esta tierra, princesa severa.
No intentes herirla. Tú puedes ser quien muera.
Espera a su alma gemela,
aquel que descubra a la verdadera guerrera,
pero nada obtiene si no puede entenderla.
Hija de esta tierra, su danza tribal la convierte en reina.
Su flecha es tenaz para conseguir lo que desea

Letras

Golpean mi mente, llegan en grupo, no cesan.
Disparan hacia el cuaderno para luego
entrelazarse en palabras.
Cuentan el sentimiento de una dama,
elevándola a lo más alto de la sensibilidad humana.

Suben, bajan, se acomodan en los renglones
para formar frases donde plasman el amor del hombre.
Dibujan la esencia de Mariana
donde alguna vez alguien podrá encontrarla.

Calman, euforizan la realidad soñada.
Presentan batalla. Desafiantes, encantadas.
Pintan, huelen, describen analíticamente
lo que el ojo receptor ha develado con rayos x.

Danzantes se acomodan,
creativas reposan en estrofas,
componiendo una bella historia.

Princesa Marian

Antigua sensación de una ladera
con un prado ondulante y apacible,
en él también la guerra fue posible
y al fin sobrevivir una quimera.

Ahora Marian princesa y heredera
del reino de lo etéreo, lo intangible,
de a poco toma luz, se hace visible
en la antigua visión de la pradera.

Debió ser tanta vida, tanto espanto,
tantas noches de haber callado el llanto
que pueden dar valor a este remanso.

Será que ya esperar no ha de ser tanto.
Será que puedo ver preso de encanto
mas allá de sus ojos mi descanso.

Mauricio Ferraro.

Escucha

Remolinos de viento cruzado golpean tu cuerpo,
aquietando el deseo con tu líbida voz
que exclama la sanación del amar
a través del tiempo.

No te frenes !, toma mis manos
para recorrer aquellos prados
donde nuestras almas se encontraban
en jóvenes enamorados.

No decaigas!, mira el horizonte,
un cálido céfiro viene hacia aquí
trayendo enredados colores sin fin.

Aumenta tu esperanza!,
borrando el pasado dolor que se adueña de ti.

Mírame!, ya estamos juntos
con las fuerzas que nos regala el mundo.

Turbulencia

Señorial figura que descansa
en la locura de la espera,
de ver la estela acariciando
la sombra blanca.

Despertando el torbellino de fuego
que desespera por encontrar la puerta
para explotar la calma.

Gran Turbulencia

No verás señorial esta figura
sino para tus ojos expectantes,
y la sombra aunque sombra ves brillante
porque al pie de tu luz está segura.

Esta gran turbulencia que me augura
torbellinos de fuego desafiantes,
en mi pecho tendrán caldera humeante
y será puerta abierta a tu locura.

No habrá calma ya no, tampoco espera,
no será terrenal quien impidiera
esta danza ancestral de nuestros cuerpos.

Y si el cosmos indómito impusiera
con designio fatal que así no fuera,
nuestras almas lo harán después de muertos.

Mauricio Ferraro

Roedores Nocturnos

El imperio de suaves colores abre sus puertas,
desbordando perfumes de flores frescas,
despertando al mundo de somnolencias,
develando definidas intenciones de vidas nuevas.

En el entorno del lumínico templo acechan ratas hambrientas,
robando migajas, en penumbra diabólica esperan,
escondiendo sus cuerpos en huecos nauseabundos,
entregando sus almas al infierno nocturno.

Las gárgolas con sus ojos voraces detectan,
hasta en las noches más cerradas sin lunas llenas,
sus gritos han despertado a la doncella.
Desgarrando sus gargantas desesperadas alertan.

Diminutas trepan al altillo de la princesa,
trayendo artimañas para que muera,
y así conquistar su presa.

Pero... no han tenido en cuenta!,
sus venenosos colmillos no afectan
porque el mágico amor prevalece con más fuerza.
Somos almas que atraviesan vidas enteras,
reconociendo el aroma de la luz que complementan
a pesar que se cruzan olorientas bestias,
que vivirán, por siempre, bajo tierra.

Andrea Armesto, poeta argentina-española. Nacida en Buenos Aires en el año 1981. Escribe desde los 10 años, llegando a la juventud con un gran camino desarrollado como autodidacta, teniendo como referente a Alejandra Pizarnik. Al igual que su maestra, Armesto escribe poemas de notoria sensibilidad e inquietud formal marcada por una insinuante imaginería y experiencia. Sus temas giran en torno al amor, la soledad, la infancia, el dolor, el erotismo y sobre todo, la muerte.

Participó en el año 2003 en una antología poética editada por la Editorial Nuevo Ser con sus poemas: "Búsqueda Interna" y "Lenguaje del Alma". Como también ha colaborado con sus poemas en la Revista Bridal Time.

Asimismo en agosto de 2011 ha publicado tres de sus poemas: "Vencida", "La Reina del Espanto", "El Amor ha muerto". En la Publicación, "Escritores EN PRIMERA PLANA" de Obsidiana Press para promocionar y distinguir aquellas obras de autores contemporáneos, tanto de Europa como del resto del mundo.

Su obra "Alma Violeta", editada en el 2012, por la Editorial Dunken. Es su primera obra editada individualmente. Inspirada en las sensaciones humanas que expresa una búsqueda profunda y particular de comunicar los sentimientos más intrínsecos. La autora plantea una nueva concepción poética del alma, a la que nombra Alma Violeta, saliendo de las convenciones clásicas.

Plegaria de un desconocido

Sujeta mi mano con calma
besa mi mejilla sin vergüenza
abrázame fuerte y sin miedo.

La crueldad de este mundo
te ha destruido
los amores violentos te aislaron
en un rincón oscuro y vacío.

Pero concentra tu atención
en mi ojos, en mi mirada
que te cuenta los secretos
más deshonestos que te han
invadido por años.

Ahora recuéstate en mi cama
sueña con un presente sin miedos
y un futuro de bellos prodigios.

Descansa que ya el monstruo se ha ido
sueña despacio que la vida es corta y
nuestros cuerpos aún están vivos.

Donde el espanto rige

El terror se apodera de las calles
los asesinos de almas
usan nuevos trajes.

Disparan al pecho
justo ahí en el corazón
sin ningún desvío.

El sufrimiento en la ciudad
y en los humanos es violento
es puro espanto, tormento.

Ellos no se quedan quietos
buscan albergue en almas inocentes
en criaturas muy pequeñas
en seres sensibles y tiernos.

Se llaman malparidos
hijos del despecho
de la arrogancia de un mundo
podrido.

Son hijos no queridos
gusanos pervertidos
serpientes venenosas
todos ellos de ambos sexos.

Son menos que insectos
son rastreros, hipócritas y
obscenos.

No te asustes si algún día
los conoces.

Ellos son muy persuasivos….

Pero si sales con vida,
recupera tu cuerpo y alma
si puedes.

Porque matarte para ellos
es el designio
y si tu corazón sobrepasa
la prueba.

Enamórate de la vida, de ti mismo
y comenzarás un bello, un largo camino
a tus propios deseos, a tus propias anhelos.

Diálogos íntimos

¿Sabes que la hora de despertar
ha comenzado?

No, yo amo la noche, el sueño
las fantasías nocturnas.

¿Pero comprendes que el día está avanzando
y necesitas despertar?

Si, lo sé pero prefiero la magia
de la locura, la fragancia de los licores
y las tertulias a oscuras.

¿Y si te diría que cuando decidas despertarte
tal vez yo, ya no estaré más?

Me despertaría si supiera que eres de verdad
y no una ilusión creada por mi mente.

Pero como sé que eres una mentira seguiré
descansando toda mi vida.

Viaje al Sur

Y recuerdo cuando aquella llovizna
se deslizó por nuestras ropas suspicazmente
y piadosa recorriendo desde mi blusa hasta mi ombligo
y desde tu pantalón hasta tus pies.

La dejamos pasar sin prohibiciones
bastaba que se conviertiera en tormenta
para dejarnos desnudos en el séptimo
piso de la terraza de aquél hotel.

Sólo fue llovizna con refucilos
y algún que otro ruido que escuchamos
desde la cama que daba al río
justo desde la ventana que acompañaba
nuestra estadía en el sur.

No queríamos irnos,
queríamos quedarnos si fuese posible
un mes más.

Pero después aconteció el terremoto
y nos vinimos volando, salvando nuestras
vidas, fugándonos de la muerte
palpitando en nuestras entrañas
el deseo irrefrenable de dos adolescentes
enamorados tardíamente.

Silvia Rosanna Bossi

Nací un 7 de noviembre en Carmen de Patagones (Pcia. Bs. As). Hija mayor de tres hermanos, mis padres docentes de alma y corazón. Al compartir desde chiquita en la familia esta hermosa profesión, al ver la dedicación y profesionalismo con el que ellos ejercían su docencia, mis pasos futuros fueron prepararme en esta linda carrera, que es la de poder transmitir conocimientos y deleitarme con los progresos que día a día los alumnos me regalan.

 Soy Profesora para la Enseñanza Primaria y Profesora de Danzas Folklóricas Argentinas. Titular en el área de Ciencias Sociales en Escuela Primaria 6to año. Y dentro de esta área transmisora de nuestra tradición a través de un proyecto de

Folklore. El año pasado mi amiga Gladys Landaburo me invitó a formar parte del grupo Susurros del Alma, hermoso grupo de poetas en donde sus escritos acarician el alma y corazón y en donde a través de la lectura se aprende. Mis escritos surgen desde entonces, como estados de ánimo, como forma de expresar en muchas ocasiones situaciones de vida de personas cercanas o de la vida misma.
Una manera de transmitir a través de los versos sentimientos y que con agrado suelo hacer.

Participé junto a autores de Hispanoamérica, en la Antología Poética Alma y Corazón en Letras: Con derecho a réplica, bajo el Sello Editorial: Del Alma Editores.

Naturaleza

Caricias tibias de sol,
aromas que envuelven mi ser,
brisa suave que acaricia mi piel...
armonía de colores
que alegran la vida,
colores de amor y esperanza,
sonidos que endulzan oídos
y atrapan con encanto.
Sintiéndote así, naturaleza mía,
caricias y aromas
colores y sonidos
acompañan mis días
con mágicas sensaciones
de amor y alegría.

Caricias

Rayitos de sol
caricias al alma,
sonidos del río,
aroma de flores,
la brisa y las nubes
llevarán hasta ti,
la paz y el amor
que dulcemente
un nuevo día
acaricia a tu corazón.

Rosa de los vientos

¡En la rosa de los vientos,
dejé mi amor
y tus palabras...!

En la rosa de los vientos...
al sentir esas palabras,
es el viento que susurra
el amor y la ternura,
que tu corazón y el mío
esparcen por la vida.

Tu nombre

Los poemas que llevan tu nombre,
Son el ramillete de mi primavera,
Volcado en un espacio blanco
¡En el cual derramo mi amor...!

Los poemas que llevan tu nombre
son las caracolas de este inmenso mar…
que con cada ola enamorada
tu presencia hace notar.

Los poemas que llevan tu nombre...
Los poemas que llevan mi nombre...
Son poemas con aroma a flor y mar
que la brisa deja al pasar…

Te quiero

19 de diciembre de 2013 a la(s) 10:03
Te quiero...sí ,¡te quiero!
cuando te recuerdo,
cuando te pienso,es ahí
cuanto más te quiero.

Risas y llantos,
momentos compartidos.
Complicidad y todo,
¡Te quiero! ¡¡¡Sí, te quiero!!!

¿Me recuerdas?...
¿Me quieres, como yo te quiero?
Caricias en los versos,
besos en cada poema.

Porque te recuerdo y te pienso,
porque los momentos no se olvidan,
es por eso, que ¡Te quiero!
¡Mucho más te quiero!

Caricia de Luna

25 de noviembre de 2013 a la(s) 2:21
Anochece, y percibo tu presencia
luna hermosa que enamora,
acariciando mi alma,
rozando mi piel.
Mi corazón agrietado
al verte llegar,
cicatriza con tu miel
cada una de mis tristezas.

Es por eso que cada noche
luna hermosa que enamora,
quiero verte iluminar
mis sueños, mis desvelos,
para nunca más
corazón agrietado y tristezas,
permanezcan en mí.

Eres

Eres como el agua que me quita la sed,
con tus dulces besos revivo.
Eres como el aire que rosa mi piel,
con tus suspiros despierto.
Eres esa estrella que ilumina cada noche,
con tu mirada me encuentro.
Eres agua, aire, luz...
ternura que descubro en tus versos.

Solange Fernandez
Nací en Capital Federal, Buenos Aires , Argentina en diciembre del año 1989.
Estudiante de inglés y psicología en la facultad de la UBA.
Escribo poesías desde mi adolescencia como pasatiempo, y a través de los años se ha ido intensificando mi amor por el arte poético en el afán de volcar mis sentimientos y

pensamientos, convirtiéndolos en letras con sentido romántico, pasional, humano.

Mis escritores referentes que acompañan el trazo de mi pluma son Ariel Van de Linde, primera persona cercana en el mundo de la poesía que me escuchó y aconsejó, guiando mis neófitas prosas, que maduran poco a poco con cada poema que escribo, con cada escritor que leo y con cada experiencia que vivo.

Amor de Madre

Emprendiste un largo viaje,
un arduo camino con poco equipaje
aunque pesado como el hierro
y amargo como la soledad,
pues te fuiste sola, dejando a tu hijo atrás
añorando tu pecho como un niño asustado
hambriento de abrazos que lo mantengan a salvo
de sentimientos, de abandono y rechazo
y llevas esa carga como una cruz sobre tu espalda
con kilos de culpas y miedos
y tonelada de esperanza, cientos de preguntas inciertas
y miles de respuestas sin palabras
pues has aprendido con hechos
que por sí sola la vida no te da nada,
entonces tomas tus sueños y te preparas
a ser tu misma la creadora de esas palabras
que expliquen el porqué de tu distancia
y aun así te muestras fuerte
pues él no debe verte sufrir
te fuiste para darle todo aquello
que la vida no te supo compartir
y te fuiste en busca de lo que creías que él merecía de ti,
más, que dulces besos, que al recordarlos lloras por verlo
sentir,

abrazos y caricias que en tu recuerdo aún te hacen feliz
manteniendo tu lucha despierta de un día volver
a aquéllas mejillas rosadas de niño feliz
y abrazar a un hombre que supo ver y valorar
tu intensa lucha y profundo sentir
pues no hay distancia que borre el eterno amor de madre que hay en ti.

Te acepto

Cuéntame tus secretos,
alíviate, conmigo perecerán
dime tus sueños y anhelos más profundos,
te los haré realidad.
Suéltate, sé tú mismo
aceptaré tu verdad
habla, no calles
que escuchar tu voz
es una melodía para mi corazón
No engañes, no mientas
contarás con mi incondicionalidad
respétate y amate
conseguirás mi admiración y lealtad
Ayuda, no importa a quien
apoyaré cada decisión
canta, ríe
seré tu ritmo, tu compás
disfruta, goza
contagiarás tu felicidad
Muéstrame tus defectos, tu debilidad
que acompañaré tu crecimiento y seré tu fuerza al amar...

Prohibido amarte

Desnudo tu cuerpo con mis manos
y tus sentimientos con mis besos,
borro tu dolor con mi ilusión
y lleno de pasión tus tristes recuerdos.

Camino al filo del sufrimiento
quemando nuestros cuerpos
en un laberinto de velos, misterios
y calor intenso.

Eres la medida justa entre amor y pasión
que mi cuerpo necesita
y mi pecho reclama por no encontrar el dulce ardor
de un hombre con firmeza y razón
que al tomarme entera encuentre
en mis besos el dulce sabor
de aquello que es efímero,
en esas noches de castigo al corazón,
pues me es prohibido amarte
y entregarte mi templo en sudor
que riegan las noches eternas a nuestros cuerpos
cansados de hacer el amor.

Pasiones y delirios

Me deslizo por tu cuerpo…
tu piel es la pasarela donde desfilan mis deseos,
tu cuerpo es el refugio donde guarecen mis pasiones,
tu pecho… cúmulo de profundas sensaciones
e incesantes latidos que marcan el ritmo del placer.

Me pierdo en tu cintura, hermosa figura que me atrae
como abejas a la miel,
eres esa reina que gobierna mis delirios de amanecer
enredado a tu cintura
¡bella figura de mujer!

Me inmolo por tu cuerpo, te quiero poseer
me rindo ante tu juego
de manipular mis deseos por completo
y subordinado a tus reglas de amar
me encuentro una vez más esclavo de tu verdad.

Te deseo

Te observo y me asombro de mis deseos,
enciendes cada parte de mi cuerpo
llenas cada espacio de mi ser
y liberas mis más profundas y perversas fantasías
con sólo mirarte.

Te toco... sencillamente rozo tu piel
o solo roza tu perfume con el viento mi rostro
y desbordan mis sentidos
y repletos de tu esencia
la lujuria y el placer es el marco perfecto
ante un escenario de sábanas de miel.

Te huelo, marca registrada de tu piel
es aquél aroma que despierta mis ansias de querer
tu cuerpo y alma entera poseer
y despertando mis pasiones más oscuras
encuentro en tu envoltura esa fragancia de mujer,
perfecta combinación de sudor y placer.

Amorosa identidad

Tu voz es dulzura al hablar,
susurras esperanza, amor
y gritas verdad.

Caminas con gran humildad,
pequeños pasos, pero constantes al pisar
dejando a tu paso una brisa pura de armonía y paz.

Te identificas por esa particular forma de sobrellevar
tempestades y vientos con elegancia y serenidad,
contagiando a todos tu entrega incondicional.

No es tu atuendo ni tu pelo,
no es tu cuerpo ni tu puño
los que destruyen muros de soledad,
es tu esencia, tu amorosa identidad...
la que con inteligencia y astucia
forman lazos de empatía y amistad.

Dondequiera que vayas tu personalidad
brilla como el fuego
en una noche sin luna para alumbrar
la melancolía que por dentro,
apaga y hace sombra a tu verdad,
esa que refleja tu mano al estrecharse
con otra necesitada de amor y bondad.

Disfrutas de un abrazo fraternal,
ese en el que envuelves sus miedos y oscuridad
contagiando el sentimiento, la necesidad

de ayudar, comprender y amar.

Y es por eso que tu virtud,
es un reflejo que un espejo no puede imitar,
pues sólo refleja tu cuerpo,
mas no tu alma en soledad,
que llenas de ingenuos sentimientos para luego regalar
esa dulzura que llevas dentro y no puedes ocultar,
pues es tu esencia... tu amorosa identidad.

Marcelo Roberto Galán Capel

Obra: Poemario

Lugar de orígen: Tandil – Buenos Aires – Argentina

Seudónimo: Tinta de Sangre

Twitter: @tintadesangre

Blog: sangretintade.blogspot.com

Pequeño currículum literario: Argentino, vivo en Argentina, escritor desde que tengo memoria, aunque dispuesto a mostrar lo que hago desde hace poco tiempo: ¿Por qué escribo?, porque me hace feliz, porque en palabras logro el espejo de mi esencia, porque me siento como un río que fluye. Papá de 3 hijos, 48 años de edad, me gustan las artes, el yoga, un buen libro, una copa de vino, el amor y la vida. Soy poeta.

Nubes de mariposas

Mi esperanza atrapa ilusiones,
será porque tú y yo no tenemos
demasiado que decirnos, sólo todo,
somos nosostros en el infinito,
y en el ayer,
y en el mañana.

Nunca me has dicho que sí,
quizá por ello te amo,
quien eres en realidad es
cuantos dolores escondes,
cuantos temores niegas
por miedo a la libertad,
a que alguien te acepte tal cual,
a que una palabra te sitie,
y entonces la distancia se
vuelva un deseo de ser pájaro,
y ya no valgan excusas para las manos,
y simplemente pueda derrotarte la sombra
con un beso y una mirada.

El pétalo que despojas es transparente en el cielo,
siempre te creí a lo lejos como una pasión
nocturna borrándose en el día,
tu cuerpo, careciendo de nombre pero
extendido por toda mi piel,
tus labios, náufragos nostálgicos de mi aire,

tú, esa pausa en mis caricias,
esa sonrisa casi deseo,
esa inicial sola de ti, junto a mí.
En tus brazos, mi silencio,
ese abrigo que eriza jugando a ser herida
pero sólo recuerda tu boca,

¡princesa!,
ni te imaginas lo que quiero cuando lo escribo,
¡princesa!,

somos algo así como esas dos palabras que
no pudieron todavía juntarse,
como ese misterio que crea belleza entre tanta rutina,
como la vida que va sucediendo mientras
cuidamos los pensamientos,
como esa costumbre vuelta carácter,
forjando el destino,
como ese vacío que es el paisaje de tus
hombros y de mis hombros, algo así.

Nubes de mariposas nos hacen desnudez,
el amor nos farola a orillas del cuerpo,
siempre el deseo,
siempre la puerta,
siempre un te quiero en la misma
pasión de cada verso,
es el fluir de un te amo que no se deja
pronunciar pero está,
¡escúchalo!,
¡siéntelo!,
no es una letra, ni el viento,

ni siquiera la lluvia,
no renuncia a tu rostro pero es el roce.

Nubes de mariposas en tu aliento
recordándote mi voz,

¡esta noche me amarás lo que
no me has vivido!

Tormenta de amanecer

Reconozco el amanecer
por tu aroma,
sabes a tormenta,
a la hoja en la ventana,
a la mano en el viento,
a la mañana y sus lágrimas
cuando la lluvia y su voz,
es que contigo hay almas,
como puertos aún no descubiertos.

Escribo pensando en ti,
aunque en realidad lo que quiero es
recorrer tu cuerpo, y me planteo ...

"besarte para estar contigo,
estar contigo para besarte".

Sé que algún día sabré lo que es amarte,
amarte desnudándote los ojos,
deteniéndome en tu boca,
convencido de que soy quien provoca la
entrega de tu piel,
y maquillar con tu nombre y con mi nombre
al infinito, como un árbol que nos mira
y en su mirar, los labios, como un
mar dormido que simplemente espera.

Te quiero,
como se quiere esa mariposa que a punto está
de exiliarse, con mis pies desnudos,
con mis verbos en la distancia,

te quiero como la sangre que ansía dejar de ser tinta
para quedarse en tu avidez,
como un verso blanco amando el amor desnudo,
como un pájaro que te dedica sonrisas,
te quiero y de ti estoy prendido,
de ti y de tu silencio.

El paisaje de tu tormenta me respira,
eres el lecho de mi cuerpo,
la flor donde descanso,
mis besos entre palabras,
no tengo color, salvo en tus sueños,
se desordenan mis cielos cuando te nombro,
mis miradas se vuelven dos, al pensarte y no pensarte,
si no pensarte es morir, como muere el ocaso en un suspiro,
si pensarte es la orilla de un río,
creyéndote el propio universo que corre sin pausa.

Amaneces y eres gotas peregrinas,
como mil vidas, acaricias,
todo lo llenas de brisas,
senderos risueños dejas en los cristales,
la nada carece de huellas pero no así tus pasos,
estás en las palabras no dichas,
en las promesas como alondras,
en la lluvia que no llueve y es tormenta,

en las pierdas al borde mismo del abismo,
como sueños del acantilado.

Algún día seré ese instante,
y sin miedo al amor seré tu amor,
y sin miedo a volar seré tu vuelo,
porque te quiero y te hallo en todo.

Te llamo sin ninguna intención
de que me digas "aquí estoy",
me basta con sentirte revoloteando en mi pecho,
imaginándote en el tiempo,
esperándote para siempre,

y para siempre es un final,
que ni siquiera ha comenzado.

Decir te amo

Cuando decir te amo es
mucho más que decir te amo,
y enamorarte es tener la
impresión de que todo el
universo está de acuerdo,
cuando el sol es una puerta
y nada sobra,
las manos,
la música que danza,
los labios que saben como en los sueños.

Ascender en el amor es tener poco
tiempo para todo,
que las miradas sean insuficientes,
que las caricias no alcancen,

que las palabras ni siquiera reflejen el real sentir,
que ya no puedas, te amo decir,
simplemente porque amas,
y amar es estar enamorado de ser tú el amor.

Alguien dijo una vez que las almas que se aman
no tienen olvido, que no tienen
ausencia ni tienen adiós.

A mí me gusta el amor del café compartido,
del cigarro robado,
de esa sola rosa en tu almohada,
de esa ventana de luna redonda como espiando,
de esa lluvia y viento que parecen suspiros,

me gusta un papel con tu propia tinta y
besos con mi propia boca,
me gusta el amor para envolver en el tiempo,
a Borges, Cortázar, Sabines, Benedetti,
Márquez, Neruda, Bécquer,
Darío, Sábato, Mistral,
y Frida y Lorca y Storni y Llosa y tantos más.

Desperté con tu mirar en mi mirar,
y fui ese espacio de recogimiento en que todo
se reiniciaba una vez y otra vez y otra vez,
y el lugar fue secreto,
tu halo me cubrió,
y un amor de amantes, valiente, se posó a mi lado,
¡llueve tanto amor mío cuando te necesito!,
¡tengo tanta necesidad de ti,
de tu piel,
de tu ansiedad,
de tu frío inmenso que me pides calmar!,
y desperté con el suave canto de tus labios al caer,

¡no hay amores cobardes,
sólo hay tiempos diferentes!

Cuando es compromiso y honestidad,
y es valores desarrollar,
y es la mente liberar,
y es un espíritu que aprende a amar sin falsos caminos,
cuando se cosecha lo que está,
cuando su nombre es decir y obrar
y la luz es la verdad,
cuando decir te amo es mucho más que decir te amo

. Tú no me conoces del todo,
tú aún desconfías de mi vínculo contigo,
dame tiempo,
sabrás lo que eres para mí.

Es un papel

En donde estoy,
en donde conjugo las palabras
y las letras se comparten en toda
su sencillez,
en donde la pasión palpita por dos,
y la calma es ese pensamiento tardío
que se asoma,
envuelta de calles,
inquieta,
escribiendo.

Estoy dispuesto a ser rocío,
a que te me quedes viendo,
como esa lámpara tenue en un rincón de la pared,
como esa cicatriz que ya no recuerda
el por qué lloras,

apacible de anhelos te quiero en mi mundo,
en mis quietos recuerdos,
en mis estrellas blancas,
en ese dulce alba en medio de los versos,
¡porque te quise a tu hora!,
y tú lo sabes,
¡porque en el lugar preciso fui tu hombre simple!,
tu terrible amor.

En donde estoy,
en ese alma de poeta que a veces se encuentra,
en ese niño que le da por llorar y temblar,
en esos vientos que se ofrendan al mar,

y persiguen silencios huídos de las sombras,
y la noche es un manojo de tus manos y de mis manos,
y tus labios un misterio,
y mis labios donde todo es ronda,

en donde estoy,
derribando miedos como se corta una flor,
cambiando castillos de arena por un TE QUIERO,
donde los ojos son una simple claridad,
y el amor se crea con alas y así hasta el infinito,

y TÚ, que te agitas en torno a mí
seduciendo mi descanso,

y TÚ, mi absurdo remanso estrecho en mi corazón,
donde la rima más breve es toda mi razón,
donde el sol y la luna sin saberlo,
es todo en donde estoy.

A la orilla de mi sendero,
mi sangre sabe de fragancia a leños,
árboles inmensos llenos de cielos,
con un pecho de montones,
montones de gargantas de sordos navíos,
montones de universos que están a solas,
montones de escondites sin encontrar jamás la voz,
montones de pájaros que contagian de gozo al despertar.

En donde estoy,
el poeta aún es un papel que sueña su poema.
Tú, mi musa

Cuando dejó de llover,
el sueño aún estaba allí,
tus labios desnudos como el atardecer
en la transparencia,
ese velo que borra el día y hace
que los pájaros sientan nostalgia,
ese cuerpo que sin aire bordea mi boca,
como el horizonte abrazándome,
dejando tu nombre en mis mejillas
y un poco más.

El verso escribióse en silencios,
la soledad buscó en cada latido, su refugio,
pudo más el camino hacia el corazón
extenso de paisajes,
que el miedo a cruzar el amor por el lado del sol.

Ya ves,
te nombro sin nombrarte,
mis palabras son la presencia cierta de las
hojas que te inventan,
mi lecho es arena en flor,
ante la certeza de tu luz desordenada.

Cuando dejó de llover,
un suspiro te pensó al tiempo de una lágrima,
te pensó en la penumbra,
te pensó creyéndose tu cuerpo,
te pensó sin pensarte,
como muda alma,
como quizá las voces que callan que mueren a
la espera, de las puertas de ti.

Esas gotas rebeldes en el marco de mi ventana,
se parecen a tus ojos,
tu mirada, que cuando se marcha,
deja tu sombra al amparo de la luna,
como sintiendo otras vidas,
como deseando otras formas,
lo cierto es que me pierdo estando fuera de ti,
pero a la vez estando.

Tu aliento llora nubes en mis besos,
danzan al aire mis párpados como ese sueño
que todo lo envuelve,

mis pies mojados,
mi vida dejándole el color a un viejo árbol,
las hojas nuevas cuando deja de llover.

Cuando dejó de llover temblé en la voz,
se agitaron mis labios
y te miré mirándome,
como caminante de una canción,
como ese comienzo de inocente sensualidad,
como esa belleza a trasluz que sólo al amar,
que sólo al besar,
que solamente tú.

Cuando dejó de llover,
un dulce deseo a burbujas el cielo concedió.

Luna Clara Juttel, nacida el 22 de enero de 1962, naturalizada Argentina en la ciudad de Buenos Aires. Cuando niña, mi primer libro leído fue "20 POEMAS Y UNA CANCIÓN DESESPERADA" de Pablo Neruda y desde aquel instante sentí la poesía circulando por mis venas.

Por las tardes solía escribir sobre arenas de las playas y me sentaba a la orilla del mar esperando los sonidos burbujeantes del romper de las olas que regresaban para que abrazaran mis escritos llevándolos a la profundidad de sus aguas.
Y así crecí con la melodía de la naturaleza, mi soledad y mis letras.

RECONOCIMIENTOS
He sido seleccionada entre casi 1.800 poetas para hacer parte de una Antología poética en el Libro: "TIERRA DE ESCRITORES" del 2012 de la Editorial Rosario con el poema VIENTOS DE GUERRA.
Este año 2013, la Editorial Rosario, vuelve a seleccionarme para "BOULEVAR LITERARIO", la Antología internacional de autores independientes 2013.
En este mismo año 2013 he sido invitada para hacer parte de la Antología "EN EL SENDERO DE LAS LETRAS", autores argentinos de la Editorial:
Del Alma Editores
También hice parte de Poemas Fusionados en "UNIVERSO POÉTICO CON CLARISSA POETISA con el poema "UNIVERSO"
Siendo Administradora del Grupo "SOY POESÍA" Mis poemas "FRÍO SILENCIOSO" y "CORAZÓN LACERAD" están publicados en la Revista Virtual "SOY POESÍA" de Claudette Chirinos.
He recibido en tres oportunidades el reconocimiento por la poesía de los meses de enero 2013 "AMANECER SOBRE TUS SÁBANAS",
Marzo 2013 "SIRENA",
Junio 2013 "NAVEGANDO EN TI"

del grupo RADIO SATÉLITE VISIÓN de Chile como poesía destacada.

Actualmente vivo en Estados Unidos lo pones despues de: Luna Clara Juttel, nacida el 22 de enero de 1962, naturalizada Argentina en la ciudad de Buenos Aires y actualmente vive en los Estados Unidos de América.

Ocultando huellas

No podrás quitarme de tu piel
mi aroma inundará
el cendal que te arrebuja.

No podrás borrar
la seducción de mis labios
recorriendo tu cuerpo sediento de mí.

No podrás olvidar
la imagen desnuda de mi silueta
que pernoctará en tu mirada.

Susurrarás mi nombre
en el silencio de tus recuerdos
y en cada mujer que visite tu cama
ahí… me verás.

La hombría se desvanecerá
cuando los placeres fingidos
ocupen parte de tu soledad.

No podrás dibujar
otros amores en tus sentidos
yo estaré a tu lado
para sostener tus vacíos
envuelta en lienzos blancos
también… ocultando huellas de ti.

Desprecio

No me importa el desprecio por mis prosas
por mi ausencia en tus actitudes
eres prófugo del amor
prisionero de recuerdos.

No me importa el desprecio por mis musas
cuando sediento mendigas sueños
en corazones envenenados te enredas
abrazando cuerpos dibujados de traiciones.

No me importa el desprecio por mis besos
por momentos sobrevives en fantasías
libidinoso confinado a desdichas
cuando ultrajas egoístamente los sentimientos.

No me importa el desprecio por mi amor
todo lo tuyo en mí es indeleble
solamente soy ensueño cautivo en tu mente
porque amándote…
¡No necesito imposiciones!

Declarando amor

Desearía recitar muchas cosas
entre ellas, que eres agua mansa
acariciando mis pasos
cuando divago por playas.

Diría que eres arena
y grano a grano vas dibujando
zapatos en mis pies
para protegerlos del calor.

Diría que eres sol
bronceando mi piel
en la seducción de tu despertar.

Desearía susurrar muchas cosas
entre ellas, que eres canción de viento
cuando escribes alegorías
para hacerme enamorar
en lo romántico de tu lírica.

Desearía declarar amor
conquistando musas
darle rimas a tus prosas
y al ritmo de mis latidos
regalarte mi corazón.

Teatro lírico

Danzarina de palcos efímeros
teatro lírico en el sótano de las apariencias
el telón se abre y actúa la hipocresía
aplausos para oídos sordos
alimentando egos dominantes.

Danzarina de palcos efímeros
teatro lírico que cautiva lo iluso
erigen escenarios ficticios
donde lo íntimo queda expuesto
en actos que amputan lo benévolo.

Danzarina de palcos efímeros
teatro lírico que aletarga el conocimiento
realidad desnudando miserias humanas
en el guion de tu mente hipérbole
vendados tus ojos enceguecen
lo humano de mi sensatez.

Gladys Viviana Landaburo

Escritora, poeta y editora, nacida en Gral Pacheco - Bs As – Argentina, aunque hace muchos años que resido en la ciudad de Cosquín, (ciudad del mismo país). Hace años que participo compartiendo mis letras en foros internacionales (habiendo sido administradora en alguno de estos), actualmente comparto con la poeta puertorriqueña: Glendalis Lugo, la administración

del foro poético Susurros del Alma, y también de su página y grupos en www.facebook.com.
El 23 de febrero de 2013 nace el foro de poetas de habla hispana SUSURROS DEL ALMA
 http: //susurrosdelalma.foroactivo.com/, el cual he creado junto a la poetisa puertorriqueña Glendalis Lugo, y es con quien comparto la administración de dicho foro. Dicho espacio poético ha ido en permanente crecimiento, debido a su propuesta fresca, de trabajar para promover las letras y sus autores, acompañándolos y caminando junto a ellos en iniciativas como editar y publicar su obra para perpetuarse más allá del tiempo.

Quise

Quise:
sola quise…

y queriendo
quise soñar
porque en sueño
mi querer
encontraba
ese eco
al que al decirle: "te quiero"
me decía: ¡Te quiero!

Y preferí seguir soñando…

Solo es recuerdo

Segundo a segundo
minuto a minuto
las horas fenecen…
El pasado nace
el recuerdo asoma
y el transitar constante
es peregrino
¡sin detenerse pasa!,
y es el alma quien recuerda
lo vano… que es
anclarse aferrado
donde todo al instante
solo es "recuerdo".

Ramillete de sueños

Ramillete de sueños
remembranzas mi alma…

Tus pasos: "Un adiós"
mis lágrimas florecen,
la congoja se atiborra en mí
¡Como cardo anhelo lo perenne!
Mas sé que es vano el deseo…

Sello mis labios, ciego mi mirada
los segundos se desvanecen
mi espera se torna gris
mi angustia se agiganta… al caer del tiempo
comienza mi viaje:¡Soy una hoja seca…!

Contigo

Eres el rayo que
mis sentidos conmociona
penetraste en mis latidos
¡te alojaste en mi desquicio!
Mi corazón, solo
puede latir contigo
¡contigo solo contigo!

Tu luz me desborda
mi alma floreces
¡Contigo todo lo anhelo!
Contigo solo contigo…

Sin la brasa
Conque enciendes
el caldero de mi esencia
poco a poco mis entrañas
morirían en desamparo.

¡Solo soy
cuando es contigo!

Reflejo

Las huellas de mi piel
prendadas… ¡te anhelan!

El deseo vehemente
se derrama en la inmensidad:
¡Pronuncia tu nombre!

El tiempo riega mi sed
con gotas de esperanza
¡y sigo esperándote…!
esperando el aullido brioso
de tu piel enardecida
contundente: sin pudores
que apremie el frenesí
de mi dermis exultante
para yacer en el sinfín
de notas musicales
de nuestro reflejo al amar…

Tus aguas

¡Ay agua que vas
viajando!, contigo
me vas llevando.
Son tus costas
del río mi vida:
consigo mi infancia
infancia lejana
que aún se refleja
en lo hondo del río.

Espejismo dormido
naufragando recuerdos.

Ahí... entre tus piedras
¡ahí! Una vida cautiva
y tus aguas testigo
del cautiverio que vive
una vida, que se esfumó
entre la corriente de
tus aguas y su orilla…

Ricardo José Lascano a la edad de 41 años, poeta argentino
Escritor de literatura universal. Actualmente reside en Río Gallegos, Santa Cruz.
Registrado en la sociedad Argentina de escritores. S. A. D. E
Hace dos años que decidió dar a conocer sus obras.
    Actualmente posee 180 obras registradas

Ella

Ella.
Hermosamente profunda.
Lleva una vía láctea encendida en la mirada
a veces, una luz amanecida
esparcida sobre el nardo sanguíneo del celaje
entre las fuentes fugitivas
que avecinan sus simientes.
Ella.
Escandalosamente agraciada.
La simbiosis de la sombra vespertina
centelleando hondos collares sin origen
bajo prendas de sol
en movimientos cautelosos
sobre los anclajes del cobre,
socava su fibra interior
en éxtasis ceremonioso
de su total anatomía.
Ella.
Riqueza.
Ventura del hallazgo.
Pintura del instante en los ojos del silencio.
Guarida de las almas anestesiadas.

Restauración

Cuando la noche venga
y beba de la palabra herida,
que de aquel hondo cristal
donde te miras nazca
la profunda veta.

Sea aquel origen como el astro
en su lamento oceánico
grito de fe que retenga el alma.

¡Que culpa pensar que no he vivido!

Dueña del secreto eres.

Que no he transitado tus altos jardines
donde el lirio besa las turbias sombras.

Que no he frecuentado tu casa de adobe
luego de la restauración.

Yo dejé en tu lumbrera
himnos de mis sueños
y como el silencio los tomabas.

Era solo un puñado de notas blancas
inconclusas notas…

Mientras la noche sedienta venía
Mientras la noche sedienta se marchaba.

Ya no es tan preciosa la noche

Ya no es el párpado un íntimo pasaje
ni el águila despeñada el remoto olvido.
Ya no es tan preciosa la noche,
ni su habitual alhaja sombría, una leve rosa,
ni su prenda de bruma, un ramo del frío;
ya no es tan solitario tu nombre,
sí, las profundas columnas de los días,
la honda campana de los dormidos
y aunque la soledad se hospede
en olas de mercurio, en mis manos suavizada
o las formas no entonen la presencia,
no combatan su hidalguía, yo recobro
ante ti la ventura del hallazgo,
el acompasado devenir de los principios.

Habitándonos

Y llegaron tus párpados de luz
dibujando idiomas
de aves emprendidas
de solitarias alas sobre el limbo
abierto de tu pecho
y se caía la gota de tu alma,
la semilla de los pájaros heridos
tibios en mis manos
y se levantaba la tarde para vernos,
vos no te dabas cuenta
pero teníamos forma de camino
y las formas dibujaban ese tiempo
de los instantes eternos
sumergidos en los labios.

Te amaré sin que te des cuenta.

Te amaré sin que te des cuenta,
yo ya te he amado muchas veces
y otras veces que no fueron necesarias,
tantas veces te he amado sin saberte
y en otras tantas veces diferentes
junto al dolor de una mañana.
Por eso ahora quiero amarte siempre,
porque no está en mi dolor perderte
quiero amarte integra o con tu mirada ausente,
saber que eres mía sin tenerte
amarte con el amor de las vertientes
como un río escandaloso en tu ventana
gritando que el silencio se irá mañana,
te amaré ahora y tal vez siempre,
porque desde siempre te he amado,
como si la muerte me hubiera pasado
siento que puedo amarte eternamente.

Hugo Ernesto Lencinas

Fluye un manantial de poemas hispanoamericanos, compartiendo fronteras, emanando rayos de pasión, donde los pájaros y mariposas vuelan con nuestra poesía formando parte de nuestra esencia. Mientras florecen praderas y llanuras, se van hermanando la magia del paisaje y la mística de nuestra inspiración, para volcar en esta antología la más genuina y sincera expresión poética.

Hugo Lencinas: está radicado en la ciudad de Catriel Provincia de Río Negro Argentina. Editó los libros: "Rastros de nuestra tierra" de historia aborigen. "El oro negro Argentino" relacionado con la historia del petróleo en Argentina y participó en dos antologías poéticas junto a poetas de Hispanoamérica:

Versos Compartidos: 20 poetas una pasión.

Alma y Corazón en Letras: Con derecho a réplica (Del Alma Editores).

Mi gran dolor

Mil inciensos encendidos
adornan mi dolor,
brote nocturno
de mi ciudad.

Ni el viento se anima
a llevarse la arena,
mojada con mis lágrimas
del amor.

Las arboledas en las tardes
cuando baja el sol:
¡¡ me dan una tristeza !!
y sigo masticando el carbón
de un sueño añejo
en la infancia del planeta
para llorar,
el diamante perdido en mi tiempo.

Hoy el dolor,
barro de mi alma.

remolineando pensamientos,
se me hizo vasija
y allí estas vos.

No sé,
cuál será mi final,
eso sí,
el dolor sueña ser patria en mi alma

para nacer,
aún,
con más amor.

Soledad

Es transportarse
por la magia de la sabia fría
y aletargar la vida
dentro del alma de un nogal,
saludar al viento en las noches
ver nacer y morir a los pájaros
como nacer y morir en cada ilusión.
Llorar y llorar...
como crujen las ramas de madrugada
y amanecer con la ilusión
de un nuevo amor.
Qué difícil el ser amado!!..
qué difícil es ser nogal
y sentir de a poco
que el hacha de la vida
te destroza
sin dar tiempo...
a recordar las añejas lluvias
cuando todo era felicidad
a su vez,
es una comedia de nuestra vida
se parece a la muerte
aquí te recuerdan,
en la soledad .....se muere sin ausencia
y nadie te da luz
ni para que hagas sombra
a un mendigo de amor.

Como un potro salvaje

Soy el potro salvaje después de la lluvia
retozando por los campos
buscando apasionadamente
cualquier sitio para encontrarte,
cruzo arroyos y empedrados
veredas y esquinas,
soy campo
soy pueblo
soy eso...
soy.
Pero en aquel atajo
te embosqué esa tarde,
te atrapé con un beso
y te me fuiste por un cañadón
no perdonaste mi furia salvaje
y mas salvaje seguí tus pasos
tus dulces labios...
son tenues brotes
cuando nace el caldén,
frescura mañanera de la madreselva,
tu pelo,
revuelo... salvaje al viento
son notas musicales esparcidas en el aire...
tu promesa de amor
la llevo conmigo
quiero amarte,
como un potro salvaje
cuando te atrape
serás mi amansadora
y entregado en vasallo regocijo

seré algodón en tu lecho...
si,
seré...

Tu adiós en el café

Dibujaste frente a mí
en el café,
una paloma triste
inconclusa
sin sus alas.
Te fuiste de mañana
sin importar
que dejaste mi corazón herido
un café frío
con las huellas de tus labios
y una paloma que me mira
sin poder volar,
dibujé sus alas
desde la esencia de tu pulso
y sentí por momentos
que volábamos juntos
los dos,
mis manos la adornaron
con una ramita en su pico
por si el destino atroz
nos inventa un nido
y regresas junto a mí
en cualquier café
en cualquier camino
sin que tus ojos azules mediterráneos
se hagan gaviota
y olvides esta paloma
que te espera
con su noble pureza

como nuestro café.

Misteriosa

Eres la sirena que asoma
y desaparece,
un evangelio
perdido en ultramar,
eres oropéndola
sin anidar mi tejado,
pero me besas la frente,
cuando añoro reminiscencias
y me acaricias los ojos
cuando te veo lejana
niña metropolitana,
de misceláneas nacientes
del amor.

Eternamente

Sí, efectivamente,
esta es la mañana fresca y perdida,
donde la huella de mis pasos
no las puede contar el viento
pero son las mismas huellas,
acompasadas en los latidos
de mi corazón
que te busca
eternamente
pero las puede contar la tierra,
hasta que pierda su memoria,
por culpa de vernos juntos
y guardar mis huellas
en las tuyas,
sin darse cuenta.

Dime adiós antes de la lluvia

Envaina tu puñal en mi corazón
que tus lágrimas
no se confundan con la lluvia
cuando me des el adiós,
sé que lo tienes guardado
dicidido y filoso...
quiero morir por tu amor
desangrado de pena
y acompañar la lluvia
con mis lágrimas de dolor
y cuando reviente mi corazón
será el trueno universal
que hará temblar tus manos
hasta el adiós...
llorando nuestra tormenta
callada y triste
hasta el adiós.

Marta Susana Liébana Albarenque: Su seudónimo es "Anabeil".
Nació en Ushuaia (Tierra Del Fuego) y desde muy jovencita le gustaba leer mucho y también escribir. Al perder a su esposo, fue cuando más se refugió en las letras, y va escribiendo, cosas de la vida.
Hoy tiene 68 años, tres hijos y siete nietos.
Se fue adaptando, a la tecnología de este mundo virtual que hoy tenemos, y es su entretenimiento preferido.
Ganó varios premios, en concursos de poesía de distintas Bibliotecas, y también, recibió Menciones especiales.
Escribe para la revista Zona Norte en una página llamada "Rincón Literario", la cual sale una vez por mes, en General

Pacheco(Tigre), donde reside desde hace cincuenta años con su familia.

Un secreto

Así... en secreto,
le cuento a mi amiga
de ese chico guapo
que me enamoró.
Y así en secreto
con él, yo me encuentro
y palpita fuerte
este corazón.

Y siempre en secreto
él me dice cosas
cosas tan bonitas
que en la gloria estoy.

Y caigo en sus brazos
y mi sangre hierve
Y guardo en secreto
lo que me pasó.

De ese amor hermoso
me quedó… su fruto
de esa semilla,
que él me plantó.

Y así en secreto... desapareció.

Mi niño es hermoso,
lo crío... confiada
y guardo el secreto
de quien lo engendró.

Y hoy somos felices
mi niño y yo....

No te olvido

Tu recuerdo... descansa
bajo mi almohada
y despierta pronto
cuando en ella...yo
apoyo mi cara.

Al cerrar mis ojos
formo tu figura
es tan manifiesta,
sin duda... sos vos.

Y... estiro mi mano
y... quiero tocarte
pero es en vano
es una ilusión.

Me quedo muy triste,
trato de dormirme
con ese recuerdo...
que ama... mi amor
cuando al fin lo logro
tú desapareces
y quedo muy sola
con este dolor.

Pensándote

Está tan llena mi alma
con el amor que me has dado
que con solo recordarte
llegaré hasta el final.
Se va acortando mi ruta
y me dicen los que creen
que nos vamos a encontrar.
Cuando me baje del tren
de este tren, que es la vida,
me aguardarás en tu mundo
y me harás allí... de guía.
¡Qué fuertes... seremos juntos...!!!
porque nos recordarán,
con cariño.... con respeto
nuestro amor... devolverán.
No te preocupes mi amor,
valió, estar aquí juntos.
Sembramos cosas hermosas
amor... respeto... bondad,
que a ellos... les quedará.
¡Espérame...!!! Esposo mío
no sabes cuánta ilusión tengo
de tocar esas estrellas,
que de acá se ven ¡tan bellas...!

Mi Corazón

¡Ay! Este corazón mío
que late y late alocado
parece que cien caballos
van por dentro galopando.

Si escucho ruidos... ¡Retumba!
Miro... no es nada y se acalla
pero me avisa con golpes
si es que algo malo pasa.

Corazón de corazones
que sabe amar como nadie
y que ¡Odia! fastidiado
si me hacen algo grave.

Por algo está en mi pecho
Nací con él algún día
y si late… aunque despacio
es que estoy aún con vida.

Me llamo Alejandra Matutti y quiero relatar un poco como los azares de la vida me trajeron hasta acá. Nací en el año de la serpiente con la virgen como estandarte, en la ciudad más bella del Cono Sur, Córdoba Capital. Soy principalmente ARTISTA con todas las letras, el arte es el motor de mi vida. Primero me dediqué a las artes plásticas y como apasionada lectora de los clásicos, empecé a escribir. Pero sólo cuando la inspiración me roza con la punta del ala, las palabras empiezan a brotar del fondo de mi alma como un torrente de sentimientos, como cuando se rompe el dique de la cotidianeidad y por fin salen libres. Ahora quisiera que estos versos se hagan canciones porque me apasiona la música, pero eso sólo el tiempo lo dirá. Algún observador crítico y sarcástico encontrará a mis versos ingenuos como los de una niña de 15 años. Tal vez tenga razón, porque todavía creo en el amor con esa inocencia y el desamor siempre me duele como el primero. Por suerte la vida no me decepcionó lo suficiente como para no creer en él y seguir esperándolo, para siempre. En la única parte de mí que quiero ser for ever youg. A disfrutar cada día como si fuera el último. Hasta siempre.

Recuerda a Michael

Este planeta está más desolado sin ti…
nos esperas en el cielo.
Algún día alcanzaremos tu humanidad,
ese día seremos felices
y moriremos bailando el breakdance.

Dejaremos de destruirnos,
como la estupidez humana te destruyó.
Tocaste en lo más profundo de la conciencia del poder,
y no te lo perdonaron.

Te acusaron de forma inaudita…
Con los niños no te metas, todos te decían.
No te dejaron prodigar tu talento,
pero serás siempre eterno…
porque vives en el corazón de cada uno.

Alma de mimo y de niño,
atrapado en la vorágine
de una sociedad
que te exigía ser adulto.

Michael vive
Cuando bailamos el breakdance.
Hay un hueco en mi vida…
en mi alma…
en mi corazón…
Sé que nos esperarás…
Ese día llegará.

Vivirás para siempre en mi corazón,
con tu humanidad inmortal,
tu talento inmortal,
tu vida inmortal.

Mientras luchamos acá en esta realidad,
esperando ser una milésima parte de ti,
en lo más profundo del alma,
tratamos de imitar tu baile,
tu música,
y tu voz.

Michael vive
cuando bailamos el breakdance

Michael Jakson…
el talento más grande que haya existido…
Eres inmortal y descansas en paz…
a la diestra del más grande.

Michael vive
cuando bailamos el breakdance
Recuerda a Michael…
Recuerda a Michael…
Recuérdalo…

Tus ojos

Tus ojos son como estrellas de mar
extraviadas en la playa de la nostalgia
déjalas volver al mar de mis senos
y recorrer los corales de mis caderas
acariciando las anémonas del recuerdo
para unirse íntimamente
con el pez payaso del pensamiento,
como el Tsunami, tormenta de pasión,
arrasando la costa del pudor,
que solo quede
la dulce voz de la brisa marina
cantando en las olas de mi amor.

Se te acabó

No debes fingir cariño si no das amor,
no pretendas engañarlo a mi corazón.
Recién hoy me he dado cuenta
o ingenua que fui...
Yo viví enamorada,
nada te importó...
Ahora que el dolor me abrió los ojos
se te acabó.

Viento y fuego

La sangre bulle
bajo tu gruesa piel.
Las venas se hinchan
de alegría infinita.
Los tendones vibran
en tus salvajes pasos.
Los ollares beben de los vientos
en lo que corre raudo el tiempo.
Los ojos te brillan sin mentir
por una profunda ansia de vivir.
La energía te desborda
y finalmente te transformas
en un ser mítico con pies de fuego
y crines de viento.

A tu lado

Pasa el tiempo
y yo sigo esperando aquí,
queriendo estar a tu lado.
Va pasando el tiempo
y yo sigo esperando,
aquí a tu lado.
Cuando el tiempo haya pasado
yo seguiré esperando,
estar aquí a tu lado
para siempre.

Desamor

La persona que yo quiero,
sabe que la quiero,
pero no quiere dejarse querer:
¿Qué hacer?
¿Seguir esperando hasta enloquecer?
¿Desperdiciar mi vida,
esperando se decida?
¿O darle la oportunidad a alguien más,
y así matar esta soledad?
Oh, cruel enigma...
¿Qué indigno camino
te puso en mi destino?
¿Cómo cambiar este sino,
que se ha ensañado conmigo?
Un millón y una más
de estas incógnitas,
llenan mi cabeza
y abaten mi corazón
y me atrapan en esta sinrazón
mal llamada Amor.
Es el sufrimiento eterno que desgarra
pedazo a pedazo el alma,
que no encuentra solaz ni consuelo.
El dolor y la desazón sin freno
es la muerte en vida,
la felicidad prohibida,
la puerta sin llave,
el barco en la botella
que jamás navega.
Es el desamor que se instaló

y acá se queda,
flotando en mi imaginación
Como las aves en el viento,
sólo espero que te lleve el tiempo
y así encontrar la paz.
Esa paz, sospecho,
que sólo viene con la muerte.
Este es el peor amor de todos,
el que no es correspondido
de ningún modo.

Versos telúricos

Aquí me pongo a cantar
al compás de la existencia,
Viendo pasar el tiempo
Sentada en mi querencia
amando con vehemencia
el corto tramo de la vida.
Si la vida se te escapa
en la estafa de a montones
detente, escucha a esta vieja sabia:
No hay nada peor
que la estafa desmedida
que se come a dentelladas
a la solitaria y perdida alma,
y como araña ponzoñosa
que entreteje la maldad.
A veces uno se descuida
en el afán de perseguir
el vil dinero y el poder
anestesiado y sin sentir
que se pierde el compartir
lo más hermoso de este mundo.
No cambies el amor
por el dinero inmundo,
que la vida es corta
eso es seguro.
No te amargues
en la búsqueda de lo material,
mira a tu alrededor
y vas a encontrar
que los sentimientos

no tienen precio
ni se pueden comprar,
Por eso digo:
No se pierda compañero
el placer más sencillo
disfrutar la vida
con sus seres queridos.

Ernesto Agustín Medina

Nació en la ciudad de Córdoba Capital, el 15 de junio de 1992. Vivió sus primeros años en el tradicional barrio San Vicente. A los seis años de edad se mudó a Villa Regina, provincia de Río Negro, junto a su familia, ciudad donde vive actualmente.
Estudió en el Centro de Educación Técnica N° 18, recibiendo el título de Técnico Electromecánico.
Actualmente es estudiante de Sociología.
Aficionado de la literatura, escribió sus primeros cuentos y poemas desde muy corta edad.

Autosugestión

No te extraño,
no te pienso,
no te busco entre mis sueños,
no aparece tu mirada
cuando encienden las luces del recuerdo;
no te nombro,
no me faltas,
no acaricia mi silencio
el resplandor de tus palabras,
no te espero,
de mi corazón estás oculta
como una luna nueva.
Repito estas palabras con fervor
dejando el aliento en cada frase
y aún no consigo creerlas.

Conclusiones

Ya no importa si eres mía,
si mis labios te reclaman,
si la noche ha de traer tus pasos
al umbral de mi esperanza.
Ya tu huella se grabó sobre mi alma,
siento que puedo esperarte una aternidad si me lo pides.
Estoy en calma,
dejé de temerle al tiempo,
siento que puedo dejarte libre si así lo quieres.
Mis brazos nunca quisieron aprisionarte,
ya no quiero quererte
más que tuya, más y feliz y completa
en cuerpo y alma.
Tengo el corazón liviano,
he escrito en un suspiro
el más bello poema del mundo.

Dice lo siguiente:
Te amo.

Ahora, siempre

Escapemos del camino sin retorno del olvido
si me tomas de la mano, si me aferro a tu cintura,
si te atrapo entre mis sueños, si resbalo a tus
abismos,
si oculto mi corazón en el cofre de tus manos...
Si enlazamos nuestras vidas no habrá forma en
que podamos extraviarnos.

No habrá mundo a mis espaldas, no habrá tiempo
si dibujas tu sonrisa en la sublime superficie de tus
labios...
Si me elevo, me mantengo suspendido, fuera de
órbita,
si destruyo por completo la distancia
será solo en tu mirada.
Si enredamos nuestras almas no habrá forma en
que puedan separarnos.

Peldaños

¿Acaso has venido a atravesar mis días?
¿A desencadenar el alma de su yugo?
Construyo peldaños hacia tu cielo, te busco en un puñado de
versos que murmuran
mi verdad,
siento que he esperado por siglos
esta noche tu voz me llama a casa.

Extraviándonos

Te estoy perdiendo,
te estás marchando,
ya ni me encuentro en tus ojos,
solo somos dos extraños
hablando a través del silencio
dos sombras en nuestra morada,
dos almas marcadas por el tiempo.
¿Acaso nos hemos rendido?
¿Nos matamos, nos morimos
o solo nos extraviamos?
Un día resplandeceremos
como ecos de tiempos mejores
llenando el espacio vacío

Por este día

1

Silencio bajo el crepúsculo
reconstruí su mirada
la angustia mordió mis manos desiertas
salvo un puñado de historias
no poseo nada.

2

Resignate a olvidar aquello que sabías
me susurraron sus labios
no hagas promesas,
no cruces los dedos,
si me encontrás te regalo este día.

3

¿Quién pudiera descifrarnos
si el corazón es un misterio?
Mi pecho es un cementerio
de antiguos navíos de papel
hundidos en mares de tinta.

4

Ya abatí los muros,
desarmé las sombras,
y nombré futuro a estas mismas horas;
miro en los ojos algo que me nombra.

5

Ya no recuerdo cuántas despedidas
cuido de la rosa,
que por ordinaria, descubrí preciosa
solo el basto cielo debajo de mis alas
sabe de amar sin ataduras.

Esperando

Bajo los inertes ojos de la noche
y una luna casi ahogada entre los álamos
evoco una melodía fugitiva
mientras pienso en el momento que no llego.

Juego con una moneda entre mis dedos
esperando ahí en el banco de madera
si soy yo, y no es otro aquel que espera,
si no es una de mis réplicas oníricas.

Miro el reloj, la aguja marcó las once
es tu juego hacer esta espera infinita;
yo acostumbrado a forzar la realidad
vos buscando siempre el momento perfecto.

Ya dos manos se posan en mis pupilas
son tus manos, cómo no reconocerlas,
sonriendo me volteo y te descubro
ahí parada desde siempre, esperando…

José Lorenzo Medina

Nació en Córdoba - Argentina. Siendo un niño muy emotivo y con una sensibilidad extrema, ya a sus 8 años, había escrito su primer cuento, y a los 16, entre profundas vivencias asomaron sus primeros versos: su primer poema: y ya no dejó de escribir. Toda injusticia que veía le calaba muy profundo, y así, comenzó a militar en política a sus 17 años, dentro del Partido Peronista.

Años más tarde, la vida lo llevó a radicarse en la provincia de Río Negro, y desde allí, tuvo la oportunidad de hacer militancia sindical en "S.O.E.F.R.Y.N", y ya en 2011 nombrado funcionario del Gobierno de la Provincia de Rio Negro.

Durante 2013, ha participado en los libros:

- Antología Poética Alma y Corazón en Letras: Con derecho a réplica.

- Desde mi esencia: Poesía (junto a la autora Gladys V. Landaburo)
- Antología Poética En El Sendero De Las Letras: Autores de Argentina.
- En breve, estará terminada la edición de su libro, el cual será una recopilación de obra de su autoría.

Fuimos todo

En el insondable enigma de
tu mirada:
¡puedo inquirir el misterio de los siglos!
Cuando observo el cielo
en alguna noche de luna llena,
imagino tu sonrisa bajo su luz,
que alumbra como un faro,
en las tormentas de mi vida.
Eres el deseo de mi alma
enclavado en el abismo
de una palabra que enciende
toda mi "locura".
Eres silencio y espuma,
un mar sereno que arrastra mi soledad
hasta las profundidades de tu esencia,
donde me ahogo en tu ternura.
Fuimos todo de una sola vez,
la única experiencia vital
que da sentido a la existencia:
"Compartir lo que somos".

Nuestro encuentro

Toqué tus manos, ¡las tomé como se toman
aquellas cosas que son vitales para la vida!
Las besé suaves y tiernas, llenas de amor.
Cabalgué por tus hombros y tu cuello con mi boca,
hasta suspirar mordiendo el lóbulo de tu oreja.
Te besé suavemente y mordí tus labios
como pétalos de rosas que habrían paso,
al deseo incontenible de nuestros cuerpos,
mientras te decía: " Te quiero" ¡Hermosa de mi alma!

Recuerdos

Mi padre tarda en llegar a casa,
las puertas y las ventanas
están cerradas.
Las aves ya no trinan
en septiembre
mientras el corazón
de un niño se desangra,
entre rumores
vestidos de muerte.
Las flores del jardín
están marchitas
y el dolor se viste de nostalgia
porque los abrazos se perderán,
en las frías noches sin amor
donde llorará la humanidad
el ocaso sombrío de la vida.

Mágico delirio

Nos fuimos acercando, sutilmente
buscándonos a través de las miradas
como un tierno encanto de primavera
cuando el verdor de la vida
estremecía nuestros sentimientos y sentidos
derribando las murallas, las paredes,
los paradigmas de nuestro tiempo
hasta alcanzar el amor con júbilo y frenesí
y desde entonces… La vida es:
¡un mágico delirio!

¡Amor de verano!

Margaritas en mi jardín,
bajo la lluvia de noviembre
Sus coronas amarillas
y sus pétalos blancos
como suaves manos,
me recuerdan la ternura
de tu piel pintando
el óleo del amor.
El sol perdiéndose
en el ocaso de la tarde
en el valle,
donde trinan las aves
bajo los sauces del Río Negro
fue nuestro refugio,
mientras las sombras
de la noche,
presagiaban nuestro destino
en aquel verano
en que lo efímero trastocó,
nuestra existencia.

Silencio

14 de noviembre de 2013 a la(s) 6:30
Camino por el sendero del olvido
poblado de viejas hojas amarillas
en ellas está mi corazón idealista
como una luna maldita
destilando tenue luz
que corre por la herida.
Las canciones son letanías
vacías de toda ternura
mientras me ahogo en el infierno
donde bebo de la eterna soledad...
donde muere el deseo de toda alma.

Dime quién

¿Qué haré si un día perdiera tu sonrisa?
Adónde iré si el sol de tu mirada
no me diera más calor?
¿Quién abrigará mi alma cuando tu amor se haya ido?
Adónde iré cuando la oscuridad me abrace en este mundo?
¿Tú podrás vivir sin la ternura de mis besos o el calor de mi cuerpo?
¿Quién te hablará y te amará sinceramente en la noche de tu soledad?

Ester Jovita Barberá Migoni.

Reside en Villa Constitución – Santa Fe- Argentina.
Docente y escritora.
Durante 2013, he participado en los libros:

-Las Cortesanas de la Poesía: Entre la cocina, los libros y la alcoba…

-Antología Poética En El Sendero De Las Letras: Autores de Argentina.

Otoño...

Otoño... por fin llegaste:
"no paraba de esperar ",
con tus sonantes pisadas
y tus hojas tan doradas;
con tus cobres y amarillos...
y el azul del cielo azul
Tu brisa roza mi cara
tu cara roza mi risa ...
y con tibieza me besas,
mas jamás con ligereza
Reconozco tu presteza
en desparramar todo...
pero es música el sonido
de tu paisaje al andar.
Baila otoño, baila
¡nunca pares! ¡No, jamás!
Agita el parque y el río ...
sacude todo al danzar ...
que con cada remolino
el mundo comience a amar
y romántica está la luna ,
que se acaba de ocultar …
qué romántica la lluvia
se decidió a lloviznar
Que los amantes se amen ...
con tu crujiente llegar:
¡Otoño ... por fin llegaste!
no paraba de esperar ...

Nuestras alas…

Mis alas y tus alas baten solitarias ...
pero no son alas mutiladas ...
y quizás un día sean alas encontradas
y decidan volar juntas hacia un destino soñado ...
un destino no sembrado ni proyectado de antemano ...
un destino atrevido e instantáneo
creativo, sorpresivo y sorprendente, mágico
sin aviso… sin pedir permiso… sin mentiras disponibles
Mis alas y las tuyas ... libres:
Unidas, pero no pegadas
Juntas, pero separadas ...
Cercanas, pero no adheridas ni pegoteadas ...
Próximas, pero no revueltas .ni esposadas ...
Alimentadas, pero sólo de amor sin condiciones ni ataduras
Mis alas… tus alas, se agitan solitarias ...
pero tranquilos:nada es para siempre
ni la soledad ... ni la compañía
Tus alas ... las mías… superarán la travesía ...

Pasional

Tus ojos muestran la pasión del hombre que encierras.
Eres fuego humano abrazando tu deidad profunda;
y tu divinidad abrazo, cuando mis ojos se apasionan;
y te encierran e incendian;
la locura interna que nuestros cuerpos desean;
y el deseo expresado en temblores y besos robados;
y sueños locos de cuerpos ansiados.
Brava luna que cabalgas audaz;
¡y que en el cielo enardeces el fuego blanco de los
apasionados, fervientes y deseados!
Deseados, codiciados, en el cúmulo de fuego extracto del
infierno y luego,
en tu cielo, somos ángeles hirviendo entre sábanas e
inventos;
galopando en intentos de escapar al amor eterno,
de ese que nunca te librarás.
Ángel azul de alas blancas.
Ángel azul de pensamientos rojos, encendidos y extraños.
Ángel que te vuelves loco por la bravura del campo húmedo.
Ángel que despliegas vertiginoso tus alas amadas.

Ángel, que ahondas en la profundidad de tus ojos de fuego,
y muestras la verdad terrena del cántaro que quema, que abrasa;
y la mentira del final,
ya que ni el amor, ni la pasión acabarán jamás.

Verónica Mariana Ancarola y Ester Migoni

Soy ...

Soy como el niño que habita mi corazón ...
Soy añosa o añeja : ¿ qué más da
 si a mi la edad, me da igual?
Soy la que vive para jugar ...
Soy la que ama las arrugas de su piel ,
 las he conseguido por el sólo hecho de existir.
Soy la que soy ...
la que puede vivir con sus talentos
y confesar sus defectos ,
y tratar de mejorar lo mejorable
y amarrar lo aceptable ...
Soy la que escribe vivencias
y sueños propios o ajenos: da igual ...
Soy la que festeja las sonrisas
y las lágrimas, ya que ambas son mías .
Soy quien festeja los éxitos , ya que alegran la vida ,
y los fracasos también ... ya sané mis heridas.
Festejo las noches y aún los días, .ellos me reaniman ...
Soy la que festeja la sonrisa
y la dona cada día ...
Soy la que soy ... y mejoraré mientras viva.
Soy la que homenaje hace del vivir:
  ya que agradezco existir ...
Soy la que ve un tesoro en el amor
y lo reparte con ardor ...
Soy lo que soy... simplemente soy .

Allá en la costa ...

Todo, está como entonces,
como apenas nacido.
Igual que siempre,
rumoreando va el río.
Secreteando la playa,
sus silencios y los míos.
Las canoas que pasan,
juguetean la orilla,
arrastrando arabescos
que formando va el río.
Todo, está como entonces,
como apenas nacido.
Sea invierno o verano,
me recuerdan lo mismo.
Pies descalzos, traviesos,
que desnudos reían,
sin pensar en la pobre travesía,
del que vive en la costa,
secreteando al río
de su hambruna,
su frío, su soledad, su estío.
Allá en la costa ...
todo está como entonces,
como apenas nacido.
Sapucai que estremece
de la noche el silencio.
Sapucai que enardece
la bailanta entre medio.
Chamamé que hace ruido,

chamamé que es requiebro,
es sonido y junto con eso
su lamento susurra
muy cerquita a mi oído.
Todo está como entonces
y florecen los nidos
y se mueren los sueños
y del río soy dueño,
pero todo está como entonces
como apenas nacido.
Susurrando va el río
y en mi tierra, el isleño,
muere de hambre y sus sueños,
tienen mucho, mucho frío ...
todo ... todo está como entonces
a pesar que ha creído.

Datos personales
Montenegro Jesús José
35 años
Argentino
Domicilio: 4 Allée des Forsythias, Bâtiment 4 , appât. 457, Résidence Formanoir, Saige, 33400- Pessac – France.
33400- Pessac – Francia
DNI: 24621041
Mail: jjmjosue309@voila.fr /
caramelitoargentino052@yahoo.fr
Teléfono portable:00 33(0)549715139
SEUDONIMO: El Caballero Blanco

Biografía
   Montenegro Jesús. José. Escritor Argentino nacido en la provincia de Tucumán el 27 de Abril de 1975, cursó estudios

de francés en la Universidad Nacional de Tucumán, trabajó diez años en la Maternidad del Hospital Dr. Nicolás Avellaneda. Master 2 en Lengua y Civilización Española y latinoamericana, Actualmente cursa un Máster 2 de enseñanza en la facultad Michel de Montaigne de la Universidad de Burdeos, Francia. Ha participado en varias antologías en Argentina en las cuales ha publicado sobre todo en el género de la poesía como así en concursos de cuentos realizados en Francia. Actualmente trabaja como profesor de español.

Currículo

Antología poética: "Imagen y Pensamiento" Ediciones Alternativa, Bs. As, Argentina. 1999
Concurso Nacional: "El ojo del escritor", Línea Abierta Editores, Córdoba, Argentina. 2003
Antología poética: "Literatura Actual", Ediciones Telmo, Bs. As, Argentina 2005
Concurso Homenaje: "La torre de Hércules patrimonio de la humanidad UNESCO" 2009
Certamen de Literatura Juvenil: "La infancia en la América Latina de hoy", La Maison d'Amérique Latine en Rhône-Alpes, Francia, 2009.
Certamen de Poesía y Narrativa "Escritura sin Frontera 2010", Ediciones Raiz Alternativa,
 Bs. As. Argentina.
Concurso Homenaje "Día Internacional de la mujer" Organizado por el centro Rosalía Castro,
mención de honor, diploma y libro.
Poesia y narrativa breve "LatinoAmerica Escribe", antología 2010, Ediciones Raiz Alternativa, mención diploma.

"Nueva Literatura Argentina 2012", Editorial de los Cuatro vientos, Buenos Aires, Argentina.
Libro de poesías "Cuando el Viento sopla el Alma", Editorial de Los Cuatros Vientos, Buenos Aires, 2013, Argentina

YO CREO

Yo creo que la vida vale la pena vivirla
Solo porque el hecho de poseerla, merece el mérito de estar a la altura de tal regalo…
Yo creo que cada uno de los seres humanos se merece un planeta menos contaminado
un mundo más compartido, menos mezquino, menos violento y más hermanado.
No creo que necesitemos llenar un carro de alimentos para decirnos que todo está bien
o ¡qué pobre aquellos que no tienen! …
Yo creo que el interés por el otro es lo esencial, puesto que eso significa que otro
pueda interesarse en mí, en mis problemas, en mis alegrías, en mi humanidad,
llena de defectos y de miserias, pero inagotable de virtudes, de dones y capacidades
No creo que aunque el mundo vigile a todo el mundo con una cámara en cada esquina
nos quite la responsabilidad de implicarnos y hacer desde nuestro espacio común un lugar mejor
sin miedo a equivocarnos, a levantarnos y a abrir, permitiendo a la luz pasar, de nuestra alma
sus cortinas…
No creo que llenarnos de arsenales traerá la paz ni tampoco creo que la paz
será posible sin la revuelta interior de querer justicia y equidad para todos
No creo que tengamos que ser jueces de nadie, incluso de nosotros.

Creo que basta con simplemente aceptar que ser humanos, es decir "aquel que fue sacado de la tierra"…
Sin olvidar que un día volveremos a ella, sin otra valija que las profundas huellas dejadas
 en la memoria de nuestros seres queridos, sabiendo que de ello dependerá ,
que seamos parte del olvido o que vivamos inmortales, solo por el simple hecho
de haber aprendido a amar.

Alicia y yo en el país de las maravillas

Mi rey de corazones…
Sobre la arena húmeda
las olas nos impregnan
bajo la luz de la luna
las estrellas se integran

nos enredan las sombras
en este lecho de amor.
susurrando me nombras
inmaculado en ardor.
Veo tu mirada firme
con éxtasis de pasión
en mis pechos firmes
implorando la inmersión
suave brisa que impregna
a nuestro poros unísonos
de esta inquietud inanimada
a un mismo unísono …

Tu boca me llama
y mi cuerpo me invita
a pasar el umbral que separa
tu cuerpo de mi cama

Alicia, Alicia, de nuevo no huyas
al país de tus maravillas
que quiero jugar   con tus caricias
"al joker", al conejito blanco y a Diana

Ven, ven Alicia con tu rey de corazones
y déjame morder tiernamente
esa manzana prohibida
que como esmeralda
guardas debajo de tus faldas escondida.

ARDE PARIS

Ella es una mujer fuera de serie, ama, vive y dice siempre lo que quiere
Su cuerpo es puro fuego y sus botas de cuero son puro ceniceros
Arde Paris y me quema con su lengua inflamada
yo sé que ella me ama aunque nunca diga nada
Yo soy un chico normal dentro de mi locura racional
voy con mi guitarra cantado y diciendo lo que me da la ganas
lo que nadie quiere escuchar, lo que molesta y lo que me enajena.

Arde Paris, y no es en Francia que se ubica,
más bien es el ángel alado que está en mi cama y me mastica
Ella es una mujer como todas, sin embargo Paris es solo mía
yo soy un tipo salido del resto… pero solo vivo entre sus pechos y su melancolía

Arde Paris, Madrid, Londres y Buenos aires
y en el mundo solo yo tengo sus labios carmesí
Arde Paris, ella no es de nadie sin embargo todas las noches moja mi sábanas y vistiéndome con su cuerpo baja el cielo para mí…

Concierto para Chia en re menor

Sé que vienes de lejos
pero tu nombre me suena y me resuena
Sé que no me conoces pero ya nos hemos visto
en alguna calle, en algún rincón, en alguna penumbra
Sé que te he mirado a los ojos, y te dije con mil palabras mudas
eso que querías escuchar, murmurándote al oído
palabras sin sentidos, mezcladas con besos y agitación
Sé que he sentido tu piel rozando la mía
Sé que tus labios me han prometido el cielo
y tus manos el paraíso perdido…
Déjame muchacha del sur
que te acaricie en la penumbra gris
de mi habitación, donde tengo dormido mi corazón.

La señora Fabiana Piceda nació en la ciudad de Santa Fe, aunque vivió casi toda su vida en la ciudad de Las Toscas. Su padre fue Atilio Piceda y su madre es Élida Delssín.
Es Profesora para la Enseñanza Primaria y profesora de Piano, Teoría y Solfeo. Actualmente trabaja como docente en la escuela primaria de la localidad de Florencia, donde reside actualmente, con más de 25 años de antigüedad en la docencia.
Ha logrado premios en foros internacionales de poesía: "Monosílabo" (del cual es jurado y moderadora de Poesía Infantil), "Poetas Universales, "El Rincón del Poeta", "Unipoesía", "Universo Poético", "Rimando" "Mundopoesía" "Poesía pasar el alma" "Sabor Artístico" y además participa en otras páginas literarias.
Ha obtenido una mención honorífica por sus trovas en los III JUEGOS FLORALES del Balneario Camboriú / SC- TROFEO – Rodolpho Abbud.
Obtuvo una "MENCIÓN HONROSA" en el Concurso "20 Poemas para Chile" en setiembre de 2013.

También tiene un blog personal llamado Poetimundo.
Sus poesías son leídas en radios de la región del norte de la provincia de Santa Fe y en varias radios de Internet.
Escribe variados tipos de poemas, poesía clásica y libre, algo de literatura infantil, cuentos, prosas, inclinándose más por la poesía clásica y rimada.
Participó en la Antología "11 autores buscan lector" (Resistencia Chaco) año 2009
"Poemas por Palestina" Antología en beneficio del Pueblo Palestino año 2009 y
"Versos para compartir" de la autora- Febrero de 2009
"Cuadernos TELIRA" poetweets o poesía esloganizada (poemas de 140 caracteres) de Aranda del Duero. 2011
"Tercera antología Amanecer Literario" de Círculo de Castilla y León de Barcelona. 2011
"Las Cortesanas de la Poesía: Entre la cocina, los libros y la alcoba" (Del Alma Editores).

No habrá olvido

(Soneto)

No habrá olvido jamás en mi memoria,
ni otro hombre que siembre la alegría,
ningún nombre podrá ser fantasía.
Tú siempre serás parte de mi historia.

Junto a ti fui feliz, rocé la gloria.
Nunca digas que busque compañía
en otro corazón, tu alma es mía.
Sé que me amas, ave migratoria.

No puedes encubrirlo, soy tu aliento.
La desazón me cubre como un manto,
no habrá razón que usurpe mi lamento,

porque siempre te amé, a dulce canto
me sabes, y no ves mi sentimiento.
Te escondes, eludiendo así mi llanto.

Consuela mi quebranto.
La libertad con lágrimas dolosas
tu pagarás, dejando atrás las rosas.

Rebelde corazón

(Soneto polimétrico blanco)

Ya se disfraza el cielo en nimbos grises,
la oscuridad me cubre,
mil pájaros se esconden en sus nidos
buscando allí calor.

Y sola pienso en ti, mi compañero
de sueños, tus promesas
no fueron escuchadas, por mi sangre
el frío corre y hiere.

Rebelde corazón que no te olvida
y terco rememora,
sin esperanza, nunca habrá futuro

para un afecto así...
¡Qué loca esta ternura!

Inalcanzable

(Libre)

Inalcanzable como los astros del cielo
es tu amor que compite con el sol,
de nube en nube viaja al infinito
perdiéndose en el horizonte.
Duende dulce con alas de paloma,
silencioso ladrón que quita el sueño,
se acerca a la galaxia más cercana
y vuelve a refugiarse en el profundo mar.
Cariño difícil de expresar,
esto que siento duerme aquí muy dentro,
no hay palabras que se comparen
al sentimiento que guarda el corazón.
Eres luz en mis sombras
y al mismo tiempo oscuridad insondable...
Secreto y tempestad,
claridad y calma en mis océanos.
Montaña tan distante
y fuego que cercano
da calor al frío invierno del presente.
Bendita incertidumbre que me envuelve,
volcán de sensaciones,
deseo no nacido de la carne,
sino del alma misma que te adora.
Y son las ansias de un afecto puro,
ese que no encontramos en la tierra,
total paz e ilusión, sed de ternura,
remolino de dudas en mi cielo
cada vez más oscuro.

Amoroso dueño

(Jotabé)

En tu rostro advierto un amor afable,
para el alma tú eres afecto estable.

Transformaste el llanto en gentil sonrisa
y por ti soy cálida, hermosa brisa,
susurrando cantos, perfecta visa
que transporta al cielo y te llevo a prisa.

Caballero andante, mi buen señor,
a mi vida otorgas vital calor.

Amoroso dueño, mi hidalgo amable,
un poema bello mi voz sumisa
te regala siempre con gran dulzor.

Triste payaso

(ROMANCE HEROICO)

Llora el triste payaso aquella pena
que atesora su dulce alma perdida,
un cariño partió, dejando angustias,
lo más bello en su esencia ya no brilla.
En las noches le entrega a la fiel luna
sus secretos de antaño y melodías
el dibuja callado en su guitarra,
esas que le cantaba cada día.
Ya no ríe, no entona esas sonatas
que coreaba a su lado, sin fatiga,
se han marchado muy lejos las razones
para darle cabida a las sonrisas.
Pero frente a la gente en la función
miente con mucha gala, su caricia,
a los niños concede con cariño,
mientras siente su ser que se hace trizas.
Los aplausos a veces lo estimulan,
pero pronto esa dicha se termina,
cuando las luces tímidas se apagan
el lamento penetra en las heridas.
Cómo duele su ausencia, está tan solo,
contemplando el destino en esa silla
donde ella le dijo que lo amaba,
donde besó sus labios y su risa.
Feliz era el payaso con su sino,
mas la muerte cortó su flor bonita,

hoy divaga aturdido por las sombras,
su existencia se extingue, si respira.

María Cristina Resca

Nacida en Resistencia, Chaco, reside allí, en la misma casa donde vivió siempre. Maestra Jardinera, jubilada, actualmente dedica su tiempo a lo que siempre la apasionó, escribir. Es escritora y poeta, publicó su primer libro en 2013, un poemario titulado Poemas al viento, actualmente tiene dos libros por editarse, uno de cuentos cortos y otro de poemas eróticos. Utiliza el seudónimo de Mariesca para firmar sus letras. Asiste a Encuentros de poetas y escritores, a los que la invitan, en diferentes provincias, donde presenta su libro y da a conocer los nuevos poemas. Divorciada, formó nueva pareja con Oscar Macías, también autor. Ambos son conocidos por Facebook, por su activa participación en los numerosos grupos a los cuales pertenecen.

Rescatando sueños…

Abro el placard de los recuerdos
y encuentro a mis sueños
olvidados…
Voy quitando telarañas
de nostalgias,
sacudo el polvo carcelero…
Siento un aroma
de flores ya marchitas,
recordando el perfume
que un día poseyeron.
Quito las trabas del olvido
y dejo que la luz
los ilumine…
¡Cuánto tiempo dormitaron!
¡Cuánto tiempo se perdieron!
Hoy la vida los reclama
y es mi alma
quien desea rescatarlos…

Utopía

Te prestaré mi sueño
para que en él me alcances
y juntos vivamos
el delirio de amarnos.
Que esta utopía
se cumpla en el tiempo,
sin medidas ni retaceos.
Derribaremos murallas
hasta llegar a encontrarnos,
no importan mis miedos
de cruzar las fronteras,
entre lo real y lo efímero
trazaremos la línea
que lo hace posible.

Desviste mis pudores...

Desvísteme despacio,
deja que tus manos
se deslicen por mi cuerpo.
Hazlo con miradas
que abriguen a mi piel,
me vistan con caricias
que se fundan con las mías.
Quítame el abrigo del recato,
deja que asome
mi vestido de osadía.
Desnuda mis vergüenzas
con cada prenda que quites
con tus ansias.
Acércate a mis pudores,
deshoja cada uno,
cual pétalos de una flor
y pégate a mis culpas
como lluvia que bendice.
Descubre con tus besos
los secretos que se esconden
y despierta con tu fuego
mis ansias que dormitan.
Ya desnudos,
agotemos sin demoras
la pasión que nos envuelve.

Regálame tiempo

Regálame tu tiempo,
el que te quede libre,
no pretendo más…
quiero ser parte
en tu ocupada vida…
recibir caricias
de esas manos gastadas
y ser el bálsamo
de tus cansancios…
besa mis labios
y llévate mis fuerzas
para sostenerte
cuando no puedas más…
haz de mi entrega
tu vorágine de amor,
y luego descansa
en mis brazos…
deja que espere
tu tiempo libre
y te ayude a vivirlo,
para que me recuerdes
cuando estés agotado
y las fuerzas te falten.

Píntame…

Pintor, tú que pintas
tanta belleza,
píntame un sueño
que yo pueda alcanzar…
Píntalo hermoso,
lleno de alegrías,
con la felicidad
danzando…
Con un amor
inmenso,
tíñelo con pasión,
intenso, profundo…
Que no falten caricias,
abrazos y besos.
Píntame el camino
por donde andaré,
ilumina el lugar
donde debo buscar…
Píntame esperanzas,
para que no las pierda,
píntame este sueño…
porque ya no sueño…
regálame el deseo…

Bésame...

Deja que mis besos
se derramen
en tus labios...
Besa mis delirios,
bebe cada gota
que encuentres
en mi cuerpo.
Muerde el grito
que se escapa,
y entra a explorar´
la humedad
de mis razones.
Bésame en la piel,
en cada sitio
que me encuentres...
hasta hacer
que desmaye,
en la agonía
de sentirte...
Descúbreme
en mis labios,
y enloquece
con mi beso,
que espera
tus sabores...

Palabras...

Palabras que son chispas
que encienden
tan sólo con decirlas.
Tan intensas,
tan sentidas,
van dejando caricias
desatando lo callado.
Sensuales, subyugantes,
desnudan cada parte
que ellas nombran...
Palabras que incitan
y provocan...
despiertan tormentas
cargadas de energía...
Y al sentirlas,
comienza la lujuria
de pensarlas,
desatando
orgasmos de placer...

Imagino a Alfonsina...

Con los pies descalzos
voy caminando la arena,
dejaré mis huellas
para que sigas mis pasos...
Iré desnudando mi cuerpo,
cada prenda caerá
hasta ser piel en el viento,
carne en el horizonte...
Las aguas del mar,
están gritando mi nombre.
Ya no puedo, mi amor
esperarte...
Voy entrando despacio
para que el agua
acaricie mi piel...
siento su abrazo
e imagino que eres tú...
Allí calmaré mis ansias,
ahogaré la ausencia...
dulce letargo
envolviendo
mi tiempo...

Osvaldo H (Tito) Sanguinetti

Escritor, poeta, autor , compositor e intérprete, con tres discos editados, profesor de danzas, bailarín. Publicado un libro -Amalgama-La vida se cocina cantando-.Actor en 2 cortometrajes y en teatro vocacional en años anteriores. Interviniente en 2013 en tres antologías a nivel nacional. Lleva más de 50 años de trayectoria ligada al arte y la cultura. Vive en Mercedes Pcia de Buenos Aires, oriundo de Las Marianas pdo de Navarro.

Altura

Se busca en el subir, subiendo
alcanzar la altitud del promontorio,
no se sabe si en busca de lo notorio
o tan solo sensaciones percibiendo.

Hay en la atmosfera capas superiores
donde suele estar presente la frescura,
y también, de algún astro y su figura
nos puede encandilar sus resplandores.

Pensando que de arriba, se domina
con solo pasar la simple vista,
Imaginando tal vez, que solo exista
allí lo que uno siempre se imagina.

Pero se quiere llegar a las alturas
Qué raro afán es el que impulsa,
pareciendo tal vez que la compulsa
Nos puede llenar de galanuras.

En lo bajo suele estar lo más seguro
que además de tierno y cotidiano,
nos permite disfrutar en el ufano
compartir con lo más simple y puro.

Si se evita entrar en el delirio
No será tan difícil el hallarlo
Mantenerlo sin riesgos y guardarlo
a ese tan esperado equilibrio.

Ayer y hoy

Ayer y hoy, no es lo mismo
pero está todo ligado
porque somos lo que somos
y el origen un legado.

Todo es imprescindible
con miras hacia el futuro
Seremos los responsables
de hacerlo más limpio y puro.

En esto no existe magia
ni el bastón, ni la galera
hace falta corazón
y volcar el alma afuera.

Defendiendo la bandera
lo demás se cuida junto
las cosas no se pregonan
se las hace bien y punto.

Hay que rasgar la camisa
del sentido nacional
luchando coco con codo
de una forma pasional.

Apoyar la ideología
sana y pura del honor
ni la tuya, ni la mía
la de todos, la mejor.

Campo

Goteras de techo, en noches de invierno
de tus primaveras, los perfumes nuevos
veranos ardientes, en días de enero
otoños dorados, pintados a fuego.
Como te recuerdo, parado en el tiempo
en la cruz misterio, de un camino viejo.

Con tus mariposas, y tus durazneros
agua de un arroyo, y lejos un eco
el andar cansino, de un perro cualquiera
y de las torcazas, un arrullo lerdo.
Nubes de tu cielo, semejante a templo
En mi cara, limpio, golpeándome el viento.

Tormentas y lluvias, relámpagos, truenos
en tus mañanitas, el rocío fresco
La calma en tus siestas, donde anda el pombero
Y por las tardecitas, ansiar el regreso.
Viendo tus estrellas, poblando la noche
semejante a un poncho, lleno de agujeros.

Pisando tu tierra, tan grande me siento
como potenciado, siendo tan pequeño
Será el aire puro, que entra en mis pulmones
Y lo inunda todo, de simple y de bello.
Campo eres la base, de todo lo nuestro
Cómo no sentirte, si te llevo adentro.

Decime

Por favor decime canción
Cómo es que se hace,
cuando el alma sufre y yace
sumergida en la tensión,
de ver trastocado hasta el mensaje
en una expresión salvaje,
que ha perdido hasta el honor.

Donde todo está teñido de interés
y nos muestran el revés
verdadero y la intención,
de llevarse al mundo por delante
donde cada cual aguante,
la torpeza y el desplante
solo y en resignación.

Triste es verlo, todo avasallado
sin respeto y humillado
donde se ha cambiado hasta el valor,
de las simples cosas de la vida
la decencia y la ley están perdidas,
mal usadas o escondidas
el poder las corrompió.

Solo está latente la esperanza
sumergida en la tardanza
de las cosas por llegar,
Pero llegará de eso no hay duda

y hará que cambie la cruda
suerte de la dignidad desnuda
y aclare esta tempestad.

Con el corazón en vilo

Qué suerte sentirse río
refugiado en tu bahía
lamiendo con alegría
tus costas un canto mío.

Mi canción lleva el conjuro
interminable de noches
sin rencores ni reproches
aclarando los oscuros.

Sin ningún tipo de apuro
desandando las distancias
como volviendo a la infancia
sintiéndose bien seguro.

Seguro de estar tranquilo
en medio de tanta calma
Sintiendo paz en el alma,
pero el corazón en vilo.

Cuando despunte la aurora
desapareciendo estrellas
se me antojarán más bellas
las coplas que canto ahora.

Se elevarán con el viento
que empezará a soplar manso
y serán como un remanso

donde anida lo que siento.

Y serás tú bella y diosa
criatura del universo
inspiradora de versos
en una actitud piadosa.

Cuidando

Hay que cuidar a la naturaleza
la que se despereza, al aclarar
y nos regala con toda su simpleza
un nuevo dia, para poder gozar.

Al aire no arrojar contaminantes
esos que perjudican el respirar
a la tierra regar con la pureza
del agüita fresca de algún manantial.

Y cuando las plantas al limpiar el aire
oxígeno puro nos den, a granel
llenar los pulmones, y con gran donaire
volver hacia casa, el fuego encender.

Evitemos gases que contengan plomo
hacer que la vida se arregle sin él
Busquemos maneras, hallemos un cómo
creando la forma de sentirnos bien.

La comida sana, no más conservantes
a los anabólicos digámosle no
No usemos estrógenos, ni fertilizantes
a los agroquímicos démosle el adiós.

Y no es que pretenda, vivir del pasado
el área ecológica se puede lograr
con un poco de lógica, y mancomunados

un mundo más sano, en donde habitar.

Eduardo Tagliaferro

Nací el 30 de octubre de 1959 en Magdalena, provincia de Buenos Aires -Argentina-.
Poeta, periodista y tarotista.

Por medio de la afición hacia la lectura comencé con el descubrimiento de las palabras, en cada una era posible hallar mundos fantásticos creados por la lingüística; el símbolo que a modo de arcano genera el arquetipo de la lengua.

El poeta sabe de una oquedad, de una fuente, una plenitud de potencia; un rostro sin bordes, una palabra sin sonido. No escribe para llenar un vacío, lo hace para ¡mantenerlo abierto! Poesía y origen, poeta y destino, entre medio la vida: la mediación y el encuentro cuando la vida no traiciona lo vital: la Creación.
Desde la playa de la memoria el poeta otea hacia el mar de lo propio, horizonte que le intriga, la brisa que lo trasiega y le susurra… el viento que lo precede empuja el olvido de otras memorias soplando en todos los recuerdos, recordando para quienes olvidan. El poeta recuerda su origen, su recuerdo anuncia todo destino; rememora el paraíso perdido, primera alba, el verdor prístino, lo naciente en lo ya nacido. La teofanía inaugural y fundante, la desnudez del deseo antes de amortajarse necesidad.
Recuerda y enuncia, anuncia y oculta… Misterio creador o creación de un misterio en el encuentro para otros: el poema y el lector, la nueva creación. Darle al deseo una ocasión para saciarse entre palabras.
Poeta es quien revela la vida en belleza y en verdad.
La poesía es magia que mueve el pensamiento, enciende el corazón, crea adicción. Es subversiva y estas cosas se expanden y se propagan, ¡siempre contagian! Ayudan a cambiar la forma de dar, no somos lo suficientemente pobre como para dar limosnas. Ayudan a cambiar la forma de pensar, transformando la manera de vivir.

Pulir la palabra hasta encontrar el verbo que revela la metáfora, no ya como figura retórica sino como vía de cambio lingüístico experimentado en la evolución histórica del componente léxico-semántico del idioma.

Fulgor Amniótico

1

Cuando me acerco hasta tus mejillas
con el gesto del beso

tu boca
me bebe

me absorbe el alma.

2

Conozco la geografía de tu piel
el sendero por donde deseas
irrumpa
te sorprenda

y exclames mi nombre
con la voz habitada
por el gemir de tus aguas.

3

Lograré
que tus fantasías
afloren libres

leviten
sobre el eterno universo
de la sensualidad

¡por siempre jamás!
donde el sudor se enamora

donde brotas desde los poros
invocando escalofríos
lloviendo desde adentro

gozarte
húmeda
radiante
intensa

ardiente.

4

Beberte
con la humedad de mi boca
en conjuro con tu sexo
recibir lo que nazca de tus entrañas
explorar con la lengua viva
los labios de tu feminidad
eterna singladura de amarte.

5

Como el sol en los trigales
te derramas en mi boca

retoño del universo
que echa flores
urgente júbilo
inmensidad marina
con sabor a eternidad

evidencia
en la mente del sabio
ardiente
como las ganas de vivir.

6

Fragancias
carpos y metacarpos
disueltos en tu cuerpo

flores expuestas
así
tan entregadas
al indolente oleaje del amor

ahora
el fuego detenido de tu mano
muy cerca de la mía

en el fulgor amniótico del aire
me lavas
me perfumas
me revives

por encima
altas y contenedoras nubes
blancas como tus senos

sonido del agua
en la redonda desnudez
perfecto y pleno
recuerdo de tu ser

fosforescencias atadas a los cuerpos
a mi cabeza
que gira en el espacio
en circular equidistancia de vacío
cuando la espera es incertidumbre.

Javier Zeleme

Nació el 2 de Noviembre de 1965 en San Antonio de Areco, pueblo del noroeste de la Provincia de Buenos Aires, Argentina conocido por ser sede de la Fiesta Nacional de la Tradición.
En los 80's descubre su vocación poética influenciado especialmente por poetas modernos: Borges, Marechal, Cortázar, etc.
Amante de la música se nutrió de las obras de grandes poetas del folklore y del renacido Rock Nacional
A fines de los 90's se trasladó a Buenos Aires donde con el auge de la era digital comenzó a experimentar en talleres de poesía improvisada online.

El boom de las redes sociales le dio un nuevo vuelo a su poesía inédita acercándolo a nuevos y ávidos lectores que lo llevaron a una de las más fecundas etapas de su obra. En estos momentos se encuentra en el armado de su primer libro de poemas.

Dueño

Nadie puede ser dueño
de las flores cortadas
de la carnes hendidas
de los sueños truncados.

Nadie puede adueñarse
del aire que respires
del amor que detentes
y las horas que pasen.

Nadie puede robarte
los recuerdos, los besos
los dados, los deseados
los susurros, los versos.

Nadie puede apropiarse
de tus noches y días
si estás viva, eres libre
no de nadie, ni mía.

Lógica

El corazón encaró el borde del abismo
sin saber si era posible volar.
El cerebro midió la altura y el peligro
sabiéndose tan frágil y mortal.

La lógica parece siempre ineludible
como el instinto de preservación
pero ignorando la razón y lo posible
el corazón los arrastró a los dos...

Persistencia

Solamente serás lo que perdura
el resto de ti está condenado
a decaer como suelos abonados
para gestar la semilla futura.

En un gesto, una gesta, una idea
pervivirás mas allá de tu carne
se olvidará tu rostro y no tu arte
venciendo al tiempo y sus barreras.

Y tus palabras mudarán de boca
en otros ojos se verá tu mirada
se grabarán en piel las caricias donadas
como talladas en la viva roca.

Persistirás en hijos, árboles y libros
abrevarán de tus genes nuevas mentes
y seguirán tus notas sonando en los oídos
mucho más allá del olvido y de la muerte.

Tango Vampiro

En cada trago
le muerdo el cuello a la noche
vampirizando sus fluidos acres
alimentándome de lunas y de calles
donde las sombras se me vuelven tango.

En cada vena
descubro que va corriendo un río
que lava tus pecados y los míos
como un torrente de sanguínea lava
arrastrándonos al fondo del olvido.

En cada vaso
el arterial y pulsante ritmo
de tus tacones levantando vuelo
girando al aire y llevando lejos
tus latidos cada vez más lentos.

Fuera del bar
en la trasnoche de la vida, aúllan
otras criaturas heridas y nocturnas
que ansían, como yo, la sangre viva
que cura el mal cuando es bebida.

Irónicamente Contradictorio

En las redenciones de los ajusticiados
en las inconductas de los gobernantes
en el almanaque de los postergados
en las impiedades de los penitentes
en las esperanzas de los desahuciados
en las disidencias de los obsecuentes
en las obsecuencias de los disidentes
en la convalecencia de los incurables
en los arsenales de los pacifistas
en las privaciones del economista
en la billetera de los desheredados
en los pasaportes de los exiliados
en las posesiones de los exorcistas
en el exorcismo de los ateístas
en los capitales de los comunistas
en las utopías del capitalista
en los reglamentos de las excepciones
en todo está el hombre y sus contradicciones.
Irónicamente, también yo soy hombre...

Te Llevé Primaveras

Así como el sol que entra en mi ventana
como si el viento suave lo empujara
así me acerqué hasta tu cama
para llevarte primaveras.

Así como el chubasco fecundó la tierra
te lloví de besos para que crecieras
ahogué de caricias toda tu tristeza
y cambié tu llanto por impar sonrisa.

Me comí tus miedos y te lavé del frío
hasta que logré atravesar tu pecho
y en un rincón perdido, cálido y pequeño
descubrí, feliz, que estaba yo mismo.

Buscando Espacio (El acecho apócrifo de Freud)

El espectro de Freud
me acecha desde adentro
y lo puedo sentir
en cada palabra que no digo
en cada movimiento reprimido.
Es que mis pájaros volados
y mis pájaros durmientes
solo piensan una cosa
solo piensan en tenerte.

...y me encuentro regresando
siempre desandando el tiempo
buscando espacio en tu cuerpo
un útero complaciente
donde crecer y nutrirme
para parirme de nuevo.

A

Alfonsina Storni

Por

Elías Almada

Alfonsina En Un Viaje

Su luz se encendió lejos

entre montañas nevadas

de blanca pureza

bordeadas de lagos

azules de vida.

Recorrió soles cuyanos

en el ande sanjuanino

y llegó al Paraná

Allí parió sus letras

bajo un cielo rosarino.

Las luces porteñas

encendieron su poesía

El plata y Europa

coronaron sus letras

Junto a Ibarbourou y Mistral.

Y allá en Mar del Plata

en la inmensidad del mar

en su noche más oscura

se quedó su vida

bañada de espuma.

Elías Almada

Indice

Elías Almada 7
Yo Soy El Tango 9
De Milonga 10
Yo También Soy Entreriano 11
Bodegón 12

Clara Graciela Appelhans 13
Cada pisada un sentido 14
Como un mar de arena 15
Hundo mis besos en tu pecho… 16
Bajo mi mirada latente 17
Amor tántrico 18
Soberano de mi amor 19
Un mundo para ti y para mí 20

Sonia Fernanda Mayoral Arias 21
Premio 22
Cree en ti 23
Yo sólo quiero vivir 25
Ilusión 26

Libertad innombrada 27
Aquel sueño de otoño 29
El aroma 31

Verónica Ancarola 32
Guerrera 33
Letras 34
Princesa Marian 35
Escucha 36
Turbulencia 37
Gran Turbulencia 38
Roedores Nocturno 39

Andrea Armesto 40
Plagaria de un desconocido 42
Donde el espanto rige 43
Diálogos íntimos 45
Viaje al sur 46

Silvia Rosanna Bossi 47
Naturaleza 49
Caricias… 50

Rosa de los vientos 51
Tu nombre 52
Te quiero 53
Caricia de Luna 54
Eres 55

Solange Fernandez 56
Amor de madre 58
Te acepto 60
Prohibido amarte 61
Pasiones y delirios 62
Te deseo 63
Amorosa identidad... 64

Marcelo Roberto Galán Capel 66
Noches de mariposas 68
Tormenta de amanecer 71
Decir te amo… 74
Es un papel 77

Luna Clara Juttel 81
Ocultando huellas 84
Desprecio 85
Declarando amor 86
Teatro lírico 87

Gladys Viviana Landaburo 88
Quise 90
Solo es recuerdo 91
Ramillete de sueños 92
Contigo 93
Reflejo 94
Tus aguas 95

Ricardo José Lascano 96
Ella 97
Reastauración 98
Ya no es tan preciosa la noche 99
Habitándonos 100
Te amaré sin que te des cuenta 101

Hugo Ernesto Lencinas 102
Mi gran dolor 104
Soledad 106
Como un potro salvaje.. 107
Tu adiós en el café… 109
Misteriosa 111
Eternamente 112
Dime adiós ante de la lluvia 113

Marta Susana Liébana Albarenque 114
Un secreto 116
No te olvido 118
Pensándote 119
Mi corazón.. 120

Alejandra Ruht Matutti 121
Recuerda a Michael 123
Tus ojos 125
Se te acabó 126

Viento y fuego 127
A tu lado 128
Desamor 129
Versos telúricos 131

Ernesto Agustín Medina 133
Autosugestión 134
Conclusiones 135
Ahora, siempre 136
Peldaños 137
Extraviándonos 138
Por este día 139
Esperando 141

José Lorenzo Medina 142
Fuimos todo 144
Nuestro encuentro 145
Recuerdo 146
Mágico delirio 147
¡Amor de verano! 148
Silencio 149
Dime quién 150

Ester Migoni 151
Otoño 152
Nuestras alas 153
Pasional 154
Soy… 156
Allá en la costa 157

José Jesús Montenegro 159
Yo creo 162
Alicia y yo en el país de las maravillas 164
Arde París 166
Concierto para Chía en re menor 167

Fabiana Piceda 168
No habrá olvido 170
Rebelde corazón 171
Inalcanzable 172
Amoroso dueño 173
Triste payaso 174

María Cristina Resca 176
Rescatando sueños,,, ... 178

Utopías 179

Desviste mis pudores 180

Regálame tiempo 181

Píntame 182

Bésame 183

Palabrasl 184

Imagino a Alfonsina… 185

Tito Sanguinetti.. 186

Altura.. 188

Ayer y hoy 189

Campo.. 190

Decime 191

Con el corazón en vilo................................. 193

Cuidando... 195

Eduardo Tagliaferro..................................... 197

Fulgor amniótico 199

1… 200

2 201

3 202

4 203

5 204
6 205

Javier Zeleme 207
Dueño..209
Lógica..210
Persistencia 211
Tango Vampiro..212
Irónicamente contradictorio 213
Te Llevé Primaveras 214
Buscando Espacio......................................215

A Alfonsina Storni.......................................216
Elías Almada

Del Alma Editores

www.ingramcontent.com/pod-product-compliance
Lightning Source LLC
Chambersburg PA
CBHW050142170426
43197CB00011B/1929